초등학생이 알아야 할

참 쉬운 생명 과학

리지 코프, 미나 레이시 글

안톤 할만, 한나 리 그림

사무엘 고렘 디자인

콜린 도드 감수

송지혜 옮김

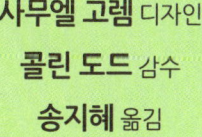

차례

생명 과학이란 무엇일까요?	4
생명과 죽음…	6
생명의 의미	8

제1장 지구의 생명   11
생명은 얼마나 다양한 형태를 띠고 있을까요? 우리는 생명의 엄청난 다양성을 모두 이해할 수 있을까요? 최초의 생명체가 어떻게 등장했는지 알아보아요.

제2장 세포와 DNA   27
모든 생물을 구성하는 기본 단위인 세포에 관해 살펴보아요.
세포 속에 포함된 화학 물질, DNA란 무엇일까요?

제3장 진화   47
진화는 생물이 오랜 시간에 걸쳐 서서히 변하는 과정을 말해요.
그러한 변화는 어떻게 일어날까요? 왜 어떤 생물은 살아남고,
어떤 생물은 사라질까요? 다윈의 연구 과정을 따라가 보아요.

제4장 인체   59
생명 과학자들이 가장 큰 관심을 가지는 생물은 바로 우리 '인간'이에요.
인간의 몸은 무엇으로 이루어져 있을까요? 인체는 어떻게 움직일까요?
왜 인간의 뇌가 특별한 걸까요?

제5장 생태학   71
생명 과학의 한 분야인 생태학은 생물 집단이 자라고 변하는 과정을 연구해요.
작은 규모의 서식지를 연구할 뿐만 아니라 세계적인 변화를 살펴보지요.
삼림 파괴, 해수 온도 상승 등 환경 변화가 생물에 미치는 영향을 알아보아요.

제6장 미생물　　　　　　　　　　　　　　　　　　87
아주 작은 생물인 미생물의 특성과 역할을 들여다보아요.
세균과 균류는 생명과 죽음의 순환에 중요한 역할을 해요.
또한 식물이 서로 정보를 교환하도록 도우며,
음식부터 약까지 수많은 것을 만드는 데 쓰이지요.

제7장 질병　　　　　　　　　　　　　　　　　　　95
모든 생물은 질병에 걸릴 수 있어요. 그 주된 원인은 다른 생물이지요.
질병이 어디서 생겨나는지, 어떤 경로로 퍼지고 어떻게 우리 몸을
아프게 하는지 알아보고, 이를 막을 방법을 찾아보아요.

제8장 중요한 문제　　　　　　　　　　　　　　　107
생명을 둘러싼 궁금증은 끝이 없어요. 어떤 질문은 정교한 실험과
깊은 연구를 통해 해결되어요. 어떤 질문은 논쟁을 거쳐야만 하지요.
예를 들어, 인간이 영원히 살 수 있다면 좋은 일일까요?
생명 과학의 중요한 문제들을 알아보아요.

우리 주변의 생명 과학	122
생명 과학과 관련된 직업	124
낱말 풀이	125
찾아보기	126
이 책을 만든 사람들	128

인터넷에서 자료 찾기

어스본 바로가기(usborne.com/quicklinks)에 방문해서 검색창에
'Biology for beginners'를 입력해 보세요. 생물에 관한 새미있는 영상,
생명 과학자들의 실험, 관련 퀴즈 등을 볼 수 있어요.

'어스본 바로가기'에서는 인터넷 안전 지침을 지켜 주세요.
어린이가 인터넷을 사용할 때는 보호자의 지도가 필요합니다.

생명 과학이란 무엇일까요?

생명에 관해 연구해요. 생명이 어떻게 시작되고 끝나는지 탐구하지요.

여러 가지 식물과 나 같은 동물에 관한 학문이에요.

끊임없이 변하는 세상을 살피고, 크고 작은 생물들이 어떻게 그 변화에 적응하는지를 탐구해요.

생명 과학은 가장 큰 대왕고래부터 가장 작은 세균과 균류에 이르기까지 모든 생물을 다루어요. 이들이 어떻게 생겨나고, 성장하며, 사는 환경에서 어떤 행동을 하는지 연구하지요. 다른 모든 과학 분야와 마찬가지로, 생명 과학자들은 과학적으로 질문을 던지고 답을 찾아가요.

나는 치명적인 질병이 새롭게 발생하여 전 세계로 확산되는 것을 막고 싶어요.

자연에 아직 존재하지 않는 새로운 생명체를 만들 수 있을까요?

나는 새에 관심이 많아요. 어떻게 철새들이 바다와 대륙을 건너 매년 똑같은 번식지로 찾아가는지 알고 싶어요.

확대해서 살펴보기

생명 과학자들은 확대해서 들여다보기를 좋아해요.
살아 있는 존재, 즉 **생명체**를 자세히 살펴보는 것부터 시작하지요.

생명 과학자는 확대하고 관찰하며 생물의 기본 구조를 알아내요.
더 가까이 들여다보기 위해 확대 렌즈가 있는 고성능 현미경을 사용하기도 해요.
이는 주로 실험실에서 이루어지는 작업이에요.

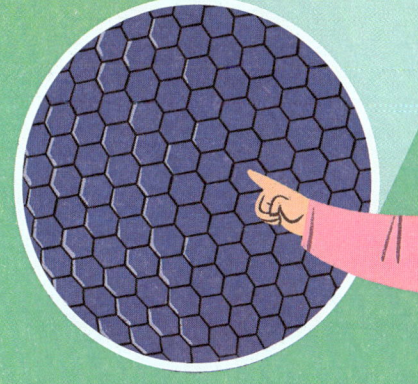

생명과 죽음…

…그리고 그사이의 모든 것이 바로 생명 과학의 연구 주제예요.
생명 과학은 아주 폭넓은 주제를 다루며, 대부분이 서로 연결되어 있어요.
과학자들은 각 주제 안에서 여러 질문을 던져요.

동물의 멸종을 막을 수 있을까요?

송장개구리는 겨울에 몸이 얼어붙어도 어떻게 살아남을까요?

사람의 몸속 구조는 다 똑같을까요?

동물

인체

동물을 연구하는 사람은 **동물학자, 수의학자, 해양 생물학자**예요.

부러진 뼈를 회복하는 데 운동이 어떤 도움을 줄까요?

이 분야는 **해부학자**와 **생리학자**가 연구해요.

가장 오래된 나무는 몇 년을 살았을까요?

조류는 지구에 이로울까요?

식물

균류, 지의류, 조류

식물에게 뿌리가 꼭 필요할까요?

식물을 연구하는 사람을 **식물학자**라고 해요.

균류는 나무들이 대화하는 데 어떤 도움을 줄까요?

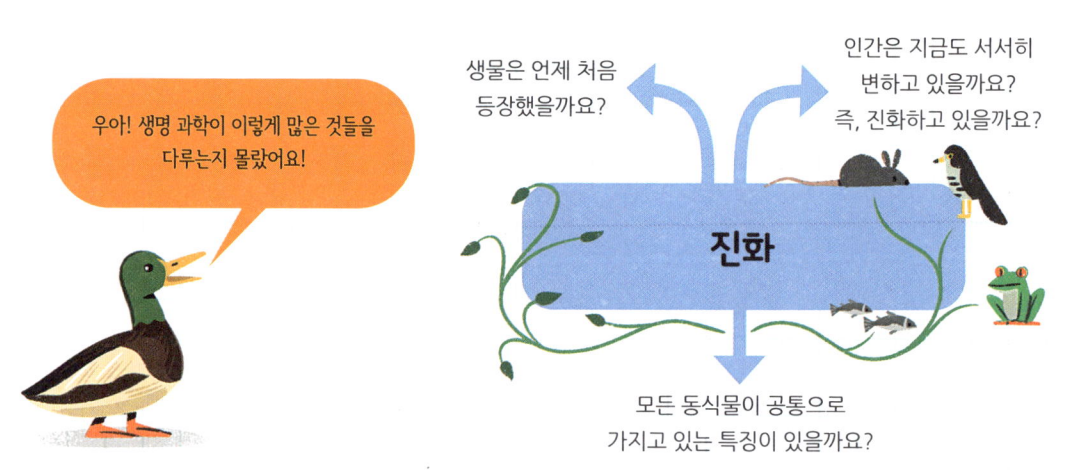

우아! 생명 과학이 이렇게 많은 것들을 다루는지 몰랐어요!

생물은 언제 처음 등장했을까요?

인간은 지금도 서서히 변하고 있을까요? 즉, 진화하고 있을까요?

진화

모든 동식물이 공통으로 가지고 있는 특징이 있을까요?

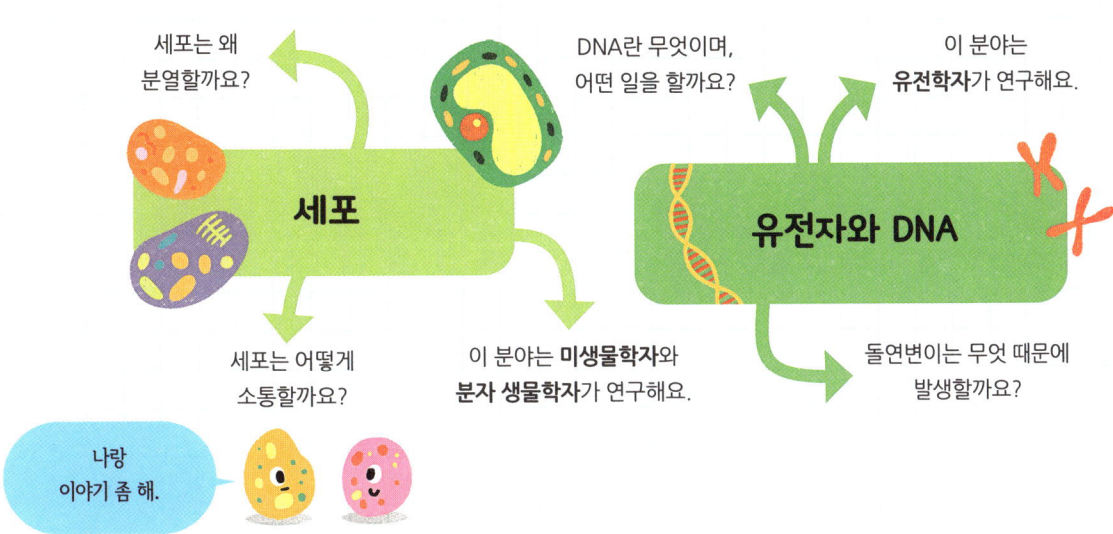
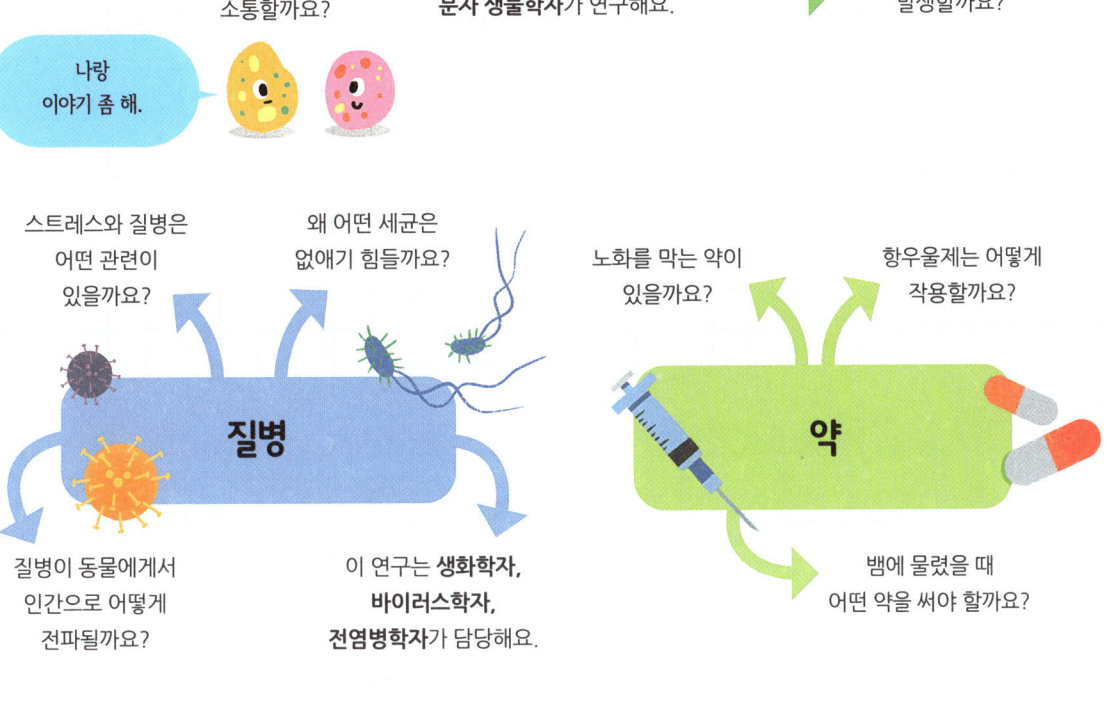

움직임

모든 생물은 움직여요. 어떤 생물은 눈에 띄게 움직이지만, 어떤 생물은 그렇지 않지요.

우리는 태양을 향해 고개를 돌려요. 뿌리는 물을 찾아 뻗어 내려가지요.

반응

생물은 주변 환경의 여러 변화를 느끼고 반응해요.

오들오들! 겨울이 오네요. 나뭇잎도 떨어지고 있어요. 도토리를 모아야겠어요.

생식

모든 생물은 새로운 생물을 만들 수 있어요. 이를 **생식** 또는 **번식**이라고 해요. 생식에는 새끼를 낳는 방식과 자기와 똑같은 생물을 스스로 **복제**하는 방식이 있어요.

거미 불가사리

우리는 새끼를 낳기도 하고, 스스로 복제하기도 하지요.

엄마는 너를 15개월 동안 배 속에 품고 낳았단다!

대부분의 균류는 씨앗을 닮은 포자를 퍼뜨려 번식해요.

1장
지구의 생명

지구는 아주 특별한 행성이에요. 다른 행성과 달리
생명이 존재하기 때문이에요. 온갖 형태와 크기의
생물들이 셀 수도 없이 가득 살고 있지요.
어떻게 지구에 이렇게 많은 생물이 생겨났는지는
우주에서 가장 큰 수수께끼 중 하나예요.

생명은 어디서 생겨났을까요? 가장 초기의 생명체는
어떤 모습이었을까요? 어떻게 오늘날의
다양한 모습을 갖추게 되었을까요?

무슨 일이 일어났는지는 정확히 알 수 없어요.
생명 과학 연구에는 탐정 같은 추리력이 필요해요.
과학자들은 증거를 모으고,
단서를 맞춰 보며 새로운 이론을 만들어 내요.

모든 종류의 생물

지구에는 셀 수도 없을 만큼 다양한 생물이 살아요.
생명 과학자들은 이처럼 복잡한 생물들을 크게 *다섯 집단*으로 나누어 분류했어요.
이를 **계**라고 불러요. 각 계에 속하는 몇 가지 생물들을 소개할게요.

벌새는 가장 작은 새예요.

뿔도마뱀은 눈에서 피를 쏘아요.

동물
포유류, 파충류, 조류(새), 양서류, 어류, 곤충류 등이 여기 속해요.

별코두더지는 후각이 매우 뛰어나요.

돛새치는 바다에서 가장 빨리 헤엄쳐요.

원숭이 얼굴을 닮은 난초도 있어요.

파리지옥은 작은 곤충을 잡아먹어요.

덥석!

식물
꽃, 나무, 이끼, 관목, 수중식물 등이 여기 속해요.

'시체꽃'이라고도 불리는 타이탄 아룸은 고기 썩는 냄새를 풍겨 파리를 끌어들여요.

바오바브나무는 줄기에 엄청난 양의 물을 저장해요.

알광대버섯은 치명적인 독을 가지고 있어서 '죽음의 버섯'이라고 불려요.

인간에게는 위험하지만, 난 괜찮아! 이 정도 독쯤이야!

균류

버섯, 곰팡이, 효모 등이 여기 속해요.

화경버섯은 어둠 속에서 빛이 나요.

곰팡이의 한 종류인 페니실린은 약으로 사용되어요.

원생생물

동물, 식물, 균류에 속하지 않는 '단세포 동물'을 통틀어 말해요. 대부분 식물처럼 생겼으며 습한 곳이나 물속에 살아요.

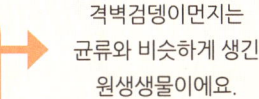

격벽검뎅이먼지는 균류와 비슷하게 생긴 원생생물이에요.

조류*는 모두 원생생물에 속해요. 가장 큰 조류는 자이언트 켈프예요.

*물속에서 생활하는 단순한 형태의 식물

규조류는 바다에 사는 아주 작은 조류예요. 전 세계 산소의 30%를 생산해요.

원핵생물

원시적인 세포핵을 가진 단세포 생물로, 크게 세균과 고세균으로 나뉘어요.

우리 고세균은 세균과 비슷해 보이지만 과학자들은 우리 둘을 별도로 분류해. 더 자세히 알고 싶다면 35쪽을 봐.

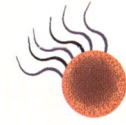

세균

고세균

세균과 고세균은 현미경으로 봐야 할 정도로 아주 작아요. 이들은 지구 곳곳에 살아요. 육지, 바다, 심지어 우리 몸속에도 있답니다.

어떻게 분류할까?

생명 과학자들은 생물을 쉽게 이해하기 위해 여러 단계로 나누어요. 이들 분류 체계이라고 하며, 이러한 분류 체계를 연구하는 생명 과학의 분야를 분류학이라고 해요.
우리는 분류를 통해 서로 다른 생물들이 어떻게 연관되어 있는지 알 수 있어요.

기린의 분류

계
동물계
(모든 동물)

문
척삭동물문
(등뼈가 있음)

강
포유강
(젖은 동물, 새끼에게 젖을 먹임)

속한 동물
· 물고기
· 새
· 파충류

속한 동물
· 사람
· 개
· 말

그럼 난 어떻게 분류되나요? 동물계에 속한다는 것까지는 알아요!

맞아! 계 다음 단계는 문이야. 너나를 포함해 등뼈가 있는 다른 모든 척추동물과 같은 '척삭동물문'에 속하지.

그럼 우리는 가까운 사이인 건가요?

아주 멀지만, 연관이 있지. 문 다음으로 우리 인간과 너희 기린은 같은 강, 즉 '포유강'에 속해.

우리가 닮은 점은 여기까지인 것 같네요.

목
우제목
(발굽이 짝수임)

속한 동물
· 소
· 낙타
· 순록

과
기린과
(머리에 혹 같은 뿔이 있음)

속한 동물
· 오카피

속
기린속

속한 동물
· 모든 기린

종
북부 기린, 또는
기라파 카멜로파르달리스

모든 종은 두 개의 라틴어 단어로 이루어진 학명을 가져요. 보통 기울임꼴로 표기하지요.

맞아. 다음 단계는 목이야. 너는 짝수 발굽을 가진 포유류인 '우제목'에 속해 있어.

하지만 발 크기가 제각각이네요.

다음 단계는 과야. 너와 오카피만이 같은 '기린과'에 속해 있어.

별로 안 닮은 것 같은데요.

그렇게 보일 수도 있지. 하지만 기린과 오카피는 약 98%의 DNA*를 공유해.

우아!

*DNA가 무엇인지는 22쪽을 보세요.

마지막으로 네가 속한 속은 '기린속'이야. 그리고 너의 정확한 종은... 북부 기린이구나!

누가 생각해 냈을까요?

생물의 분류 체계는 18세기 스웨덴의 생명 과학자 **칼 린네**가 처음 발명했어요.
린네의 목표는 단순했어요. 생물들의 이름을 짓고, 특징을 설명하고, 분류하려고 했지요.
하지만 실제로 지구에 사는 모든 생물을 분류하는 건 불가능에 가까웠어요.

겉보기 특징에 따라 생물을 분류해야겠어!

이 나비들은 모두 날개 모양이 비슷하군. 같은 '속'으로 분류하고 파필리오라고 불러야지.

파필리오 데몰레우스

파필리오 마카온

파필리오 니레우스

린네는 최초로 두 단어로 구성된 이름 체계를 만들었어요. 이를 **이명법**이라고 해요.

파필리오 글라우쿠스

파필리오 포달리리우스

첫 단어는 '속'을 나타내요.

두 번째 단어는 정확한 '종'을 나타내요.

이후 수많은 생물이 분류되고 이름 붙여졌어요. 린네의 분류 체계는 오늘날에도 매우 유용하게 활용되어요. 전 세계 과학자들이 생물의 목록을 만들고, 새로운 종을 식별할 수 있는 명료한 기준이 되지요.

하지만 오늘날 생명 과학자들은 겉모습을 기준으로 생물을 분류하지 않아요. 대신 DNA를 비교해서 서로 다른 종들이 얼마나 가까운 관계인지 알아내요. DNA에 관해 더 알고 싶다면 22쪽을 보세요.

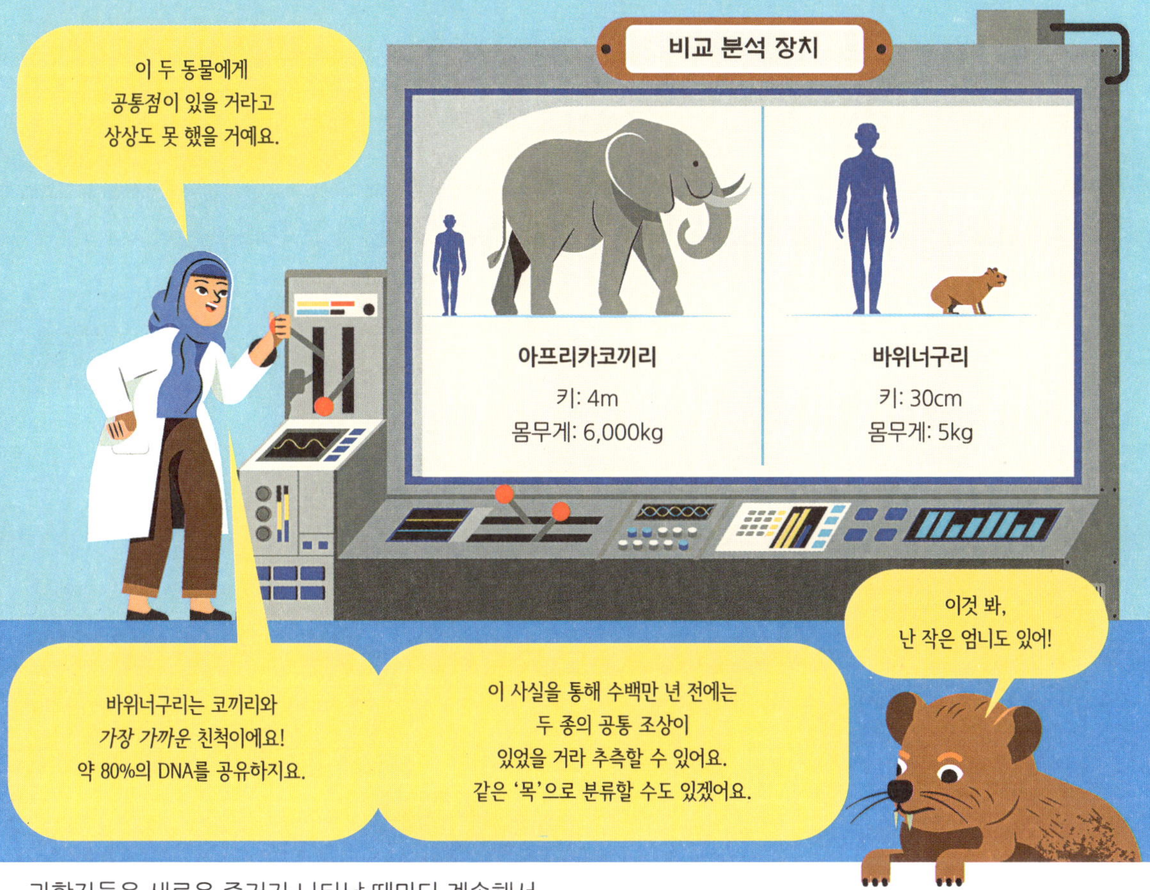

비교 분석 장치

이 두 동물에게 공통점이 있을 거라고 상상도 못 했을 거예요.

아프리카코끼리
키: 4m
몸무게: 6,000kg

바위너구리
키: 30cm
몸무게: 5kg

바위너구리는 코끼리와 가장 가까운 친척이에요! 약 80%의 DNA를 공유하지요.

이 사실을 통해 수백만 년 전에는 두 종의 공통 조상이 있었을 거라 추측할 수 있어요. 같은 '목'으로 분류할 수도 있겠어요.

이것 봐, 난 작은 엄니도 있어!

과학자들은 새로운 증거가 나타날 때마다 계속해서 생물 분류를 수정하고 추가해요.

이 두 맹금류는 비슷하게 생겼어요. 그래서 한때는 가까운 친척이라고 생각했지요.

하지만 아니었어요! DNA를 분석해 보면, 매는 수리보다 앵무새에 더 가까워요.

쿠퍼매(수리과)

매(매과)

알렉산더앵무

그래도 내가 훨씬 화려하다고요.

17

생명은 어떻게 시작되었을까요?

지구에서 생명이 어떻게 처음 생겨났는지, 또 그 모습이 어땠는지는 아무도 몰라요. 아직도 밝혀지지 않은 큰 수수께끼지요. 과학자들은 여러 가지 이론을 제시했어요.

첫 번째 이론: 원시 수프 + 번개

1900년대에 가장 유명했던 이론이에요. 초기 지구의 바다에 **원시 수프**라고 불리는 여러 화학 물질의 혼합물이 있었고, 여기에 번개가 떨어져 화학 작용이 일어나 생명이 탄생했다는 주장이에요.
1952년 미국의 과학자 **스탠리 밀러**와 **해럴드 유리**는 실험을 통해 가설을 검증하려고 했어요.

이 획기적인 실험은 생명이 화학 물질의 조합으로 자연히 발생할 수 있다는 가능성을 보여 주었어요. 하지만 이론이 입증된 것은 아니에요. 아미노산이 만들어졌다 해도 실제로 이들이 합쳐져 살아있는 생명체가 되었을 거라는 보장은 없어요.

두 번째 이론: 외계 미생물

어떤 과학자들은 생명이 지구에서 시작된 것이 아니라, 우주 곳곳에 퍼져 있는 미생물이 우주 먼지에 실려 지구에 온 거라고 생각해요.

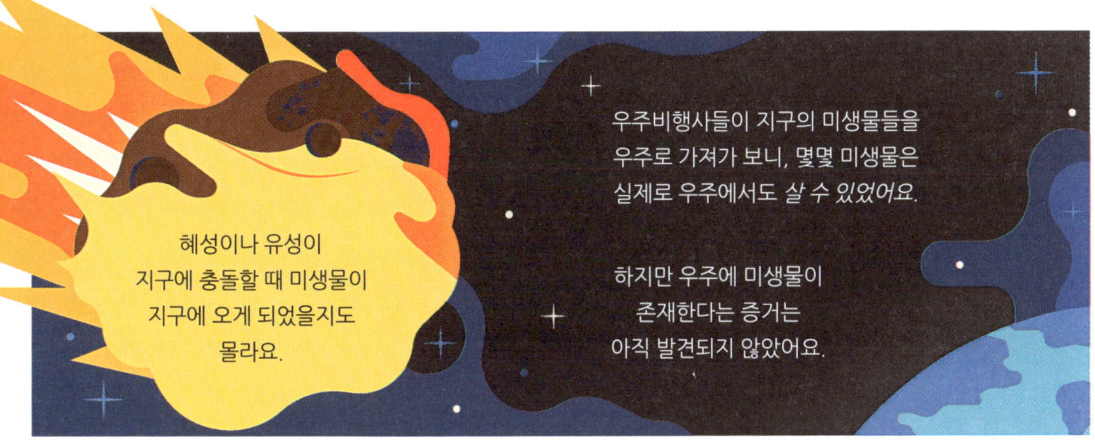

세 번째 이론: 심해 열수구

오늘날 가장 유력한 이론 중 하나는 생명이 심해 바닥에 있는 굴뚝 모양의 구조물인 **열수 분출공**에서 생겨났다는 주장이에요. 뜨겁게 끓는 분출구에서는 생명에 필요한 여러 화학 물질이 뿜어져 나와요.

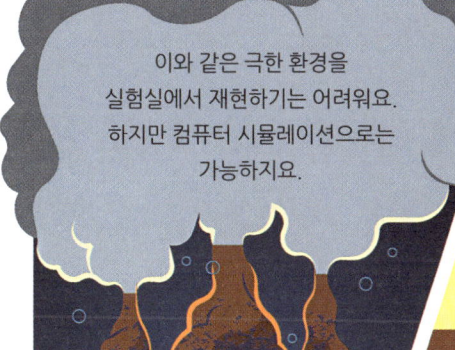

증거 찾기

우리는 생명이 정확히 어떻게 시작되었는지, 또는 최초의 생명체는 어떤 모습이었는지 알 수 없어요. 하지만 한 가지는 확실히 밝혀졌어요. 생명은 *최소 35억 년 전*부터 존재했다는 사실이에요.

식물을 닮은 조그만 **남세균**은 지구에서 가장 오래된 생명체 중 하나에요.

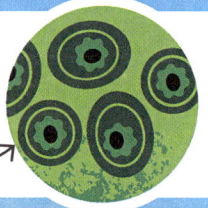

남세균은 지구 표면에서 큰 덩어리를 형성하며 자랐어요. 대부분 오늘날의 오스트레일리아 서부에서 살았지요.

그럼 남세균이 최초의 생물인가요?

그건 아닐 거야. 하지만 우리가 알고 있는 것 중에는 가장 오래된 생물이지.

그걸 어떻게 알아요? 옛날의 남세균은 사라졌잖아요.

그래 맞아. 하지만 훨씬 더 오래 남아 있는 것에서 단서를 찾을 수 있어. 바로 암석이야.

암석이요? 암석으로 무얼 알 수 있어요?

많은 걸 알 수 있지! 암석에는 생물이 남긴 화학적 흔적이 있거든. 이를 **생물 지표**라고 해.

우아! 또 무얼 알 수 있나요?

오래전 대기에 어떤 기체가 들어 있었는지도 알 수 있어. 이를 통해 그 당시에 어떤 종류의 생물이 살아남았는지 추측할 수 있고. 그밖에도 여러 가지를 알 수 있지.

시간에 갇힌 단서들

고대 생명체에 관한 지식은 대부분 **화석**을 통해 얻어요.
화석이란 아주 오래전 생물의 흔적이 암석에 보존된 것을 말해요.
그 과정을 살펴볼까요?

35억 년 전

남세균이 지구 표면에서 울퉁불퉁한 덩어리를 이루며 모여 있었어요. 이들은 암석 성분인 탄산 칼슘으로 된 얇은 층을 만들어 냈어요.

남세균

덩어리로 모인 남세균이 점점 자라나면서 탄산 칼슘으로 된 층이 더 두껍게 쌓였어요.

3,000년 후

결국 덩어리를 이룬 남세균은 모두 죽었지만, 암석 구조는 그대로 남았어요. 화석이 된 거예요.

오늘날

과학자들은 탄산 칼슘층에서 남세균 화석을 확인할 수 있어요.
그리고 **방사성 연대 측정**이라는 방법으로 화석의 나이를 알아내요.

암석은 적은 양의 방사선을 방출해요. 방사선의 세기 등을 측정해서 암석의 나이를 계산할 수 있어요.

이 암석은 35억 년이 되었어요. 남세균도 그때 살고 있었던 것이 틀림없어요.

문제 해결!

고대의 조상

많은 생명 과학자가 오늘날 지구에 사는 모든 생물이 **루카**라는 하나의 생명체에서 유래했다고 생각해요. 루카(LUCA)는 '모든 생물의 마지막 공통 조상 (Last Universial Common Ancestor)'을 뜻해요.

루카가 존재했다는 물리적 증거는 없어요. 적어도 화석에서는 발견되지 않았지요. 과학자들이 루카의 존재를 믿는 이유는 오늘날 살아있는 생물에게 남아 있는 단서 때문이에요. 이 단서는 세포마다 발견되어요. 바로 **DNA**지요.

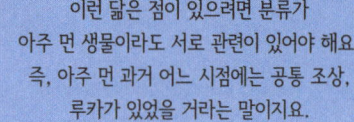

하나의 거대한 가문

약 40억 년 전, 루카는 *방대한* 가계도에서 첫 번째 연결 고리였을 거예요.
아마도 다음과 같은 과정을 거쳤으리라 짐작해요.

지구 생명의 역사

단순한 세포에서 복잡한 생물로 발달하는 건 쉬운 일이 아니었어요. 하지만 불리한 조건에서도 생명은 꿋꿋이 살아남고 진화했어요. 기나긴 여정에서 발생한 중요한 사건들을 알아보아요.

35억 년 전
남세균이 처음 등장했어요. 남세균은 화석으로 남아 있는 가장 오래된 생명체예요.

20억 년 전
좀 더 복잡한 구조를 가진 진핵세포가 나타났어요.

4억 4,500만 년 전
지구의 기후가 추워지며 전체 생물종의 약 85%가 멸종했어요.

40억 년 전
이 시기에 루카가 살았을 것으로 짐작해요.

10억 년 전
원시적인 균류가 바다에서 살았을 것으로 짐작해요.

5억 3,000만 년 전
바다에서 물고기를 비롯한 다양한 동물들이 폭발적으로 증가해 진화했어요.

45억 년 전
지구가 형성되었어요. 이후 바다도 생겨났어요.

8억 년 전
동물들이 진화하기 시작했어요. 해면은 가장 초기의 동물들 중 하나였어요.

7억 년 전
육지에서 식물이 자라기 시작했어요. 이들도 바다에 살던 조류에서 진화했지요.

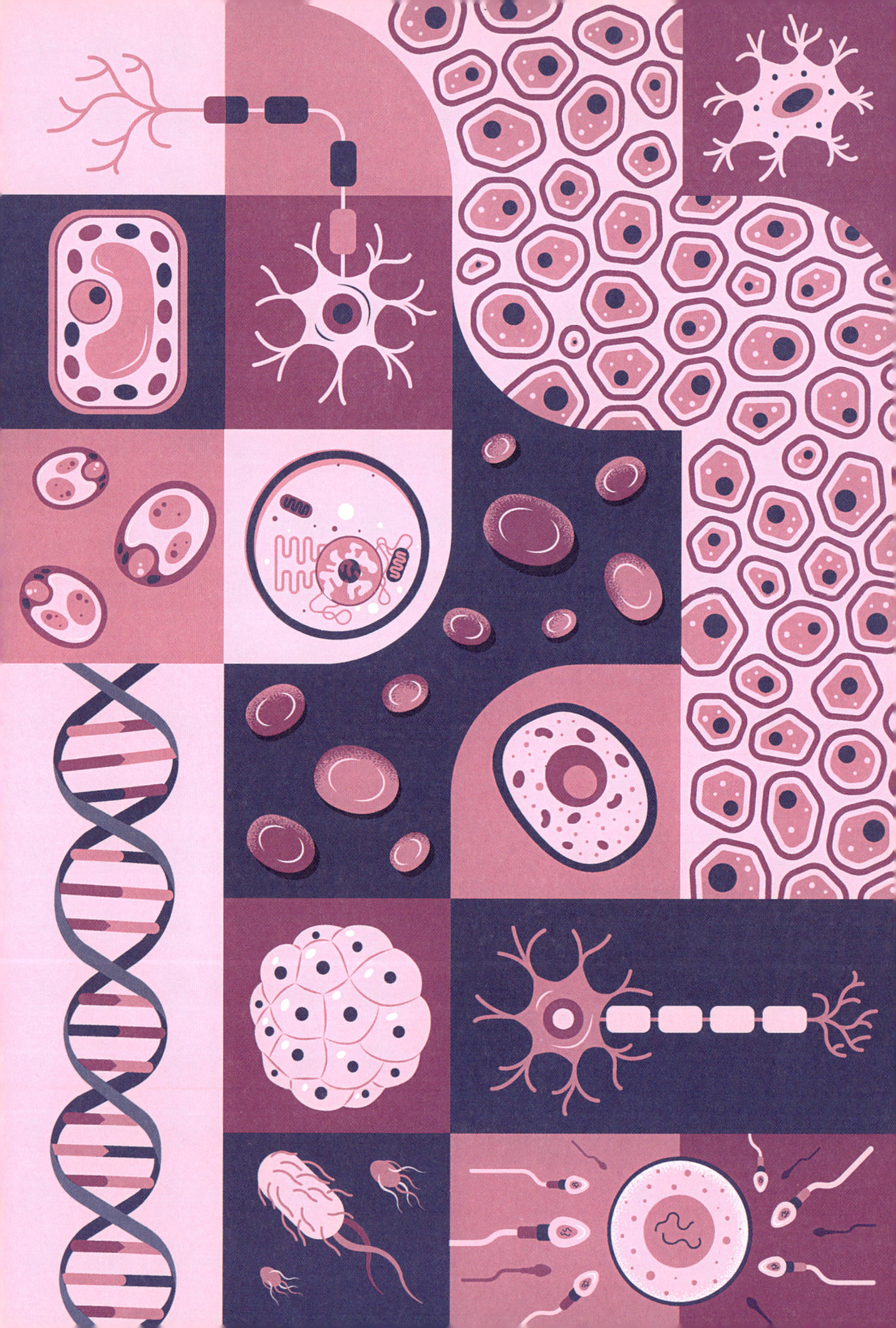

2장
세포와 DNA

나무는 왜 그렇게 높이 자라고 수명이 길까요?
고래는 왜 다리가 없을까요?
어떤 버섯은 왜 어둠 속에서 빛을 낼까요?
이처럼 놀라운 생물의 다양성을 설명하기 위해
생명 과학자들은 세포를 연구해요.

모든 생물은 하나의 세포에서 시작해요.
어떤 세포는 스스로 분열해서 수십억 개의 세포들을 만들고,
좀 더 복잡한 생물로 발달하지요.

과학자들이 세포에 관해 밝혀낸 가장 놀라운 발견 중 하나는,
바로 세포 안에 DNA가 들어 있다는 사실이에요.
DNA는 매우 신비로운 존재예요.
새로운 사실이 밝혀질수록
더 많은 궁금증을 불러일으킨답니다.

세포란 무엇일까요?

모든 생물은 **세포**로 이루어져 있어요. 세포는 서로 모여
다양한 생물의 모습을 만들 뿐 아니라 영양분을 에너지로 바꾸고,
생물이 성장하도록 돕는 등 수많은 일을 해요.

세균이나 효모 같은 생물들은
단 하나의 세포로 이루어져 있어요.
이를 **단세포**라고 해요.

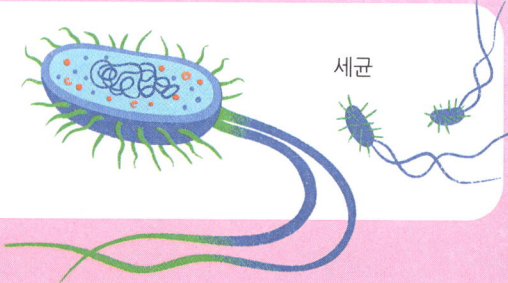

세균

동물을 비롯해 우리가 눈으로 볼 수 있는 대부분의 생물들은 수조 개의 세포로 이루어져 있어요.
이를 **다세포**라고 해요. 여러 개의 세포라는 뜻이지요.
일반적으로 몸집이 큰 생물이 작은 생물보다 훨씬 더 많은 세포를 가지고 있어요.

나는요? 내 몸에는
세포가 몇 개나 있어요?

개미는 약 2,000만 개의
세포로 이루어져 있어.

사람은 약 30조 개의 세포로
이루어져 있지.
조는 0이 12개나 되는 큰 수야.

냬름!

이 딸기 속에는
약 100만 개의 세포가 있어요.

세포는 아주 작아요.
예를 들어 2mm 크기의 핀 꼭대기에
혈액 세포인 적혈구를 250개나 올릴 수 있지요.

세포 안에는 무엇이 있을까요?

모든 세포에는 다양한 역할을 하는 작은 구조물들이 들어 있어요. 이를 **세포 소기관**이라고 해요. 몇 가지를 소개하면 다음과 같아요.

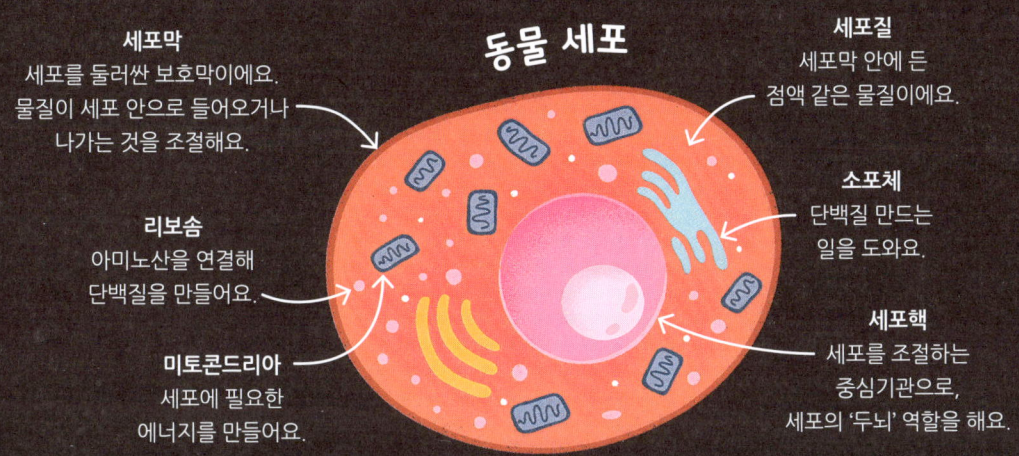

동물 세포

세포막
세포를 둘러싼 보호막이에요. 물질이 세포 안으로 들어오거나 나가는 것을 조절해요.

리보솜
아미노산을 연결해 단백질을 만들어요.

미토콘드리아
세포에 필요한 에너지를 만들어요.

세포질
세포막 안에 든 점액 같은 물질이에요.

소포체
단백질 만드는 일을 도와요.

세포핵
세포를 조절하는 중심기관으로, 세포의 '두뇌' 역할을 해요.

모든 세포는 **DNA**라고 불리는 유전 정보를 가지고 있어요.
각각의 기능에 대한 상세한 정보는 DNA의 특정 부위에 담겨 있는데, 이를 **유전자**라고 해요.
식물과 동물의 DNA는 세포핵 안에 들어 있어요.

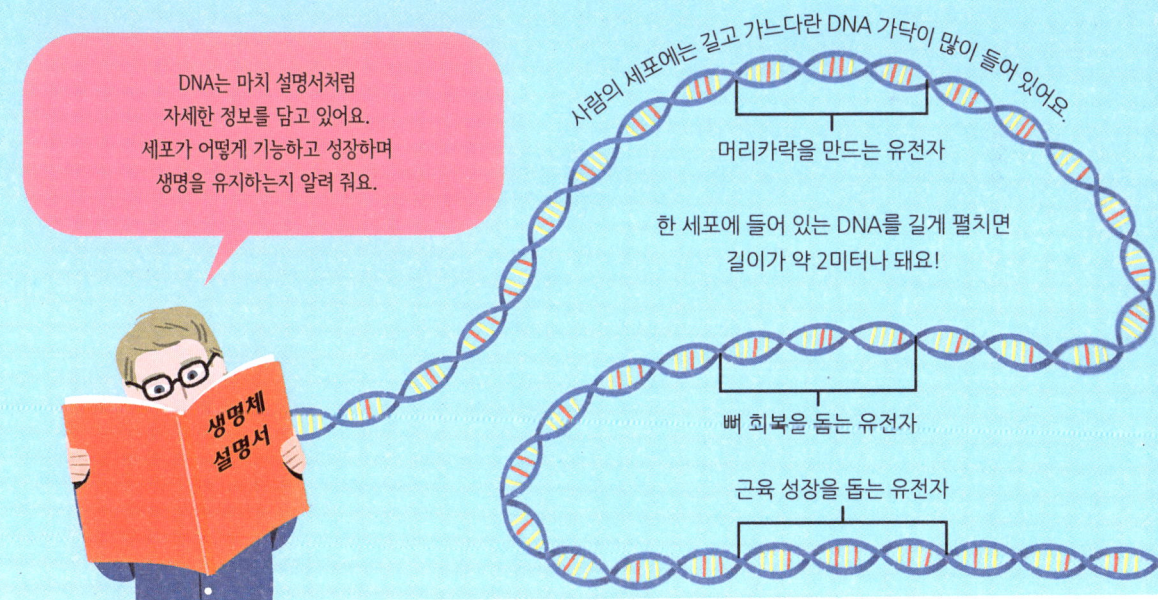

DNA는 마치 설명서처럼 자세한 정보를 담고 있어요. 세포가 어떻게 기능하고 성장하며 생명을 유지하는지 알려 줘요.

생명체 설명서

사람의 세포에는 길고 가느다란 DNA 가닥이 많이 들어 있어요.
머리카락을 만드는 유전자
한 세포에 들어 있는 DNA를 길게 펼치면 길이가 약 2미터나 돼요!
뼈 회복을 돕는 유전자
근육 성장을 돕는 유전자

생명 과학에서는 다양한 생명체들이 어떻게 행동하는지 질문을 던져요.
세포, 그중에서도 특히 유전자와 DNA를 연구하면 많은 해답을 찾을 수 있어요.
이 분야는 생명 과학에서 비교적 새로운 연구 영역이에요.

세포의 발견

어떤 발견은 적절한 장비를 필요로 해요.
약 400년 전까지만 해도 세포의 존재를 아무도 몰랐어요.
하지만 렌즈와 현미경을 사용해 실험하기 시작하면서
처음으로 세포를 눈으로 볼 수 있게 되었지요.

1660년대, 영국의 과학자 **로버트 훅**은 작은 생물을 관찰하고 그림을 그려 기록하기를 좋아했어요.

"저 벼룩을 좀 더 자세히 관찰할 수 있다면 좋을 텐데…"

1665년, 훅은 렌즈가 두 개 달린 현미경을 발명했어요. 이 현미경은 사물을 원래 크기보다 50배나 확대해서 볼 수 있었지요.

훅은 현미경으로 여러 생물을 자세히 관찰했어요. 자신을 물었던 아주 작은 이를 들여다보기도 했지요.

훅은 '코르크'라고 불리는 나무 껍질층을 관찰하다가 아주 작은 구멍들을 발견했어요. 이 구멍은 수도원에서 수도사가 사용하는 방들과 비슷해 보였어요.

*영어로 세포를 cell이라고 하는데, 작은 방을 뜻해요.

"배 속에 내 피가 들어 있는 것까지 보이는군!"

"이 작은 방*들을 '세포'라고 불러야겠다!"

1665년, 훅은 『마이크로그라피아』라는 책을 펴냈어요. 식물과 동물들을 현미경으로 관찰해 자세히 묘사한 최초의 책이었지요.

벼룩을 크게 보니 정말 무섭군! 왠지 몸이 가려운 것 같아.

그래서 그가 말한 세포라는 게 뭐지요?

글쎄요?

훅은 식물에서 세포 모양을 이루는 구조를 발견했어요. 하지만 동물의 몸속에서 비슷한 부분을 찾아낸 사람은 따로 있어요.

1666년, 네덜란드의 옷감 상인이었던 **안톤 판 레이우엔훅**은 옷감의 품질을 확인하기 위해 렌즈가 하나 달린 간단한 현미경을 개발했어요. 이 현미경으로 사물을 275배나 확대해서 볼 수 있었지요.

판 레이우엔훅의 현미경

판 레이우엔훅은 이 현미경을 사용해 빗물에서 세균을 발견했어요. 최초로 미생물을 관찰한 거예요. 당시에는 그것을 '극미동물'이라고 불렀어요.

1673년에 판 레이우엔훅은 자신의 피에서 '작은 둥근 알갱이'를 관찰하고 기록했어요. 최초로 적혈구를 발견한 것이지요.

초기 현미경 덕분에 사람들은 비로소 세포를 들여다보게 되었어요.
빈방처럼 보이는 죽은 식물 세포의 세포벽부터 살아있는 세균까지 관찰할 수 있었지요.
이후 세계 곳곳의 과학자들은 세포를 낱낱이 밝혀내기 위해 앞다투어 연구하기 시작했어요.

어디에나 있는 세포

생명 과학자들은 지금까지 지구 곳곳에서 다양한 생물을 발견했어요.
늪지와 산꼭대기, 그리고 심해 바닥의 깊은 틈에서도 생물이 살고 있었지요.
또 각 생물의 몸 속에도 다양한 종류의 세포가 있다는 사실을 밝혀냈어요.

다음은 우리 몸에서 발견되는 다양한 세포들이에요.

적혈구
납작하고 넓은 형태여서
최대한 많은 산소를
흡수할 수 있어요.

뼈세포(골세포)
가장자리에 가지 모양 구조가 있어요.
다른 뼈세포와 쉽게 연결되어
뼈 회복을 도와요.

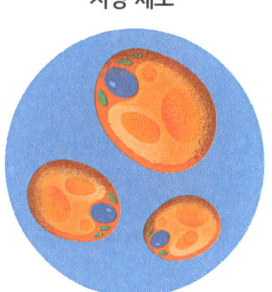

지방 세포
부드럽고 둥근 형태로,
에너지를 저장하고
충격으로부터 몸을 보호해요.

우리 몸에 사람의 세포만 있는 건 아니에요. 몸속 세포의 절반 이상은 사람의 세포가 *아니랍니다*.
세균처럼 단세포 생물에 속하는 것으로, **미생물**이라고도 불러요.

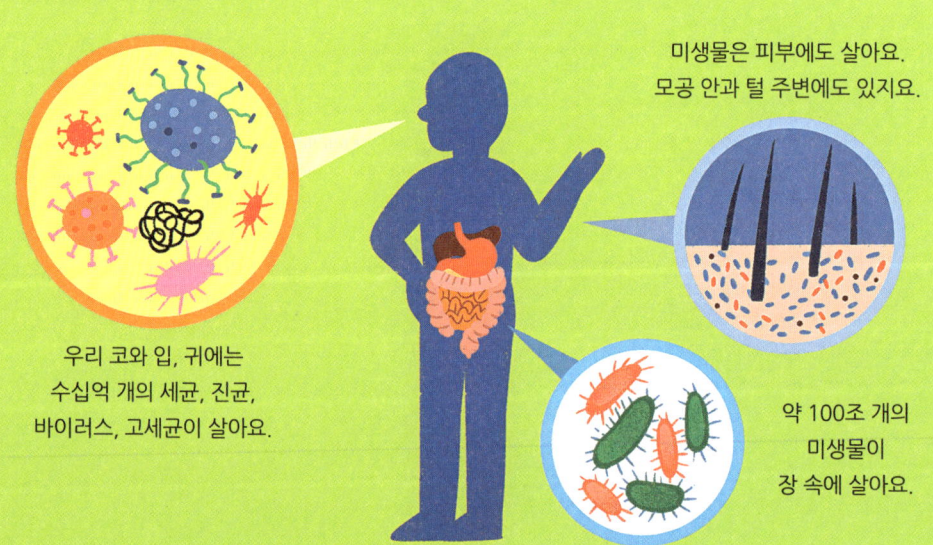

우리 코와 입, 귀에는
수십억 개의 세균, 진균,
바이러스, 고세균이 살아요.

미생물은 피부에도 살아요.
모공 안과 털 주변에도 있지요.

약 100조 개의
미생물이
장 속에 살아요.

우리 몸에 있는 미생물들은 대부분 유익한 역할을 해요.
음식을 잘 소화하고 비타민을 흡수하며, 감염을 막고 우리 몸이 잘 기능하도록 도와주지요.

어떤 종류의 세포가 어떤 환경에서 살아남는지 알아내는 것은 생명 과학의 중요한 연구 주제예요. 세포와 생물이 왜 그토록 다양하게 발달하는지, 그리고 세포가 어떻게 생겨났는지 이해하는 데 도움을 주기 때문이에요.

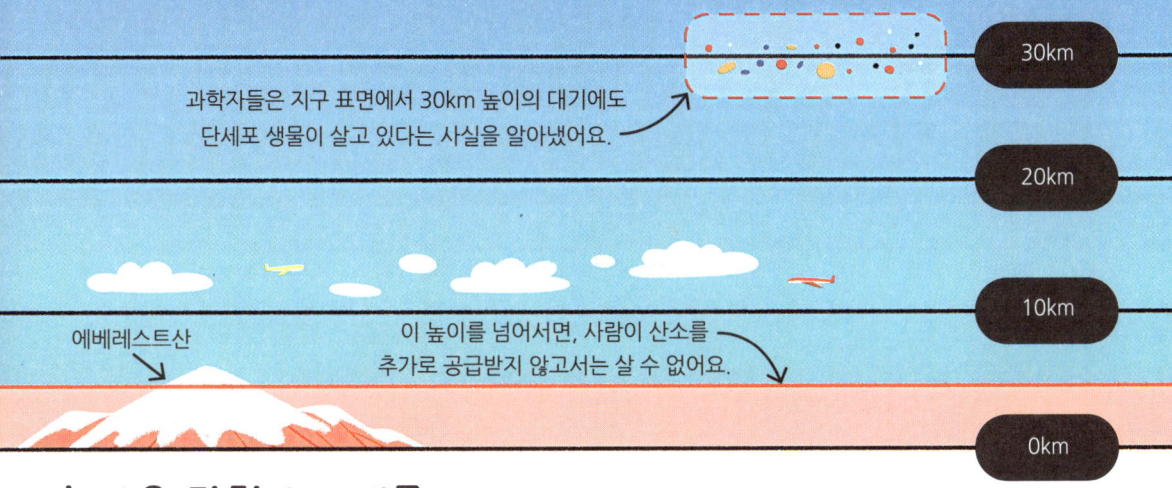

놀라운 탐험가 고세균

생명 과학자들은 고세균에 큰 흥미를 가지고 있어요. 고세균은 다른 생명체가 존재하지 않는 극한 환경에서도 살아남을 수 있기 때문이에요.

이러한 이유로 고세균은 우주 비행에서 살아남을 수 있고,
다른 행성에도 존재할 가능성이 높은 생물로 여겨지지요. 108쪽에서 더 자세히 알아봐요.

33

세포의 구조

과학자들은 세포의 기능을 이해하기 위해 **세포 소기관**을 분류하고 연구해요.
세포 소기관은 세포와 생물이 살아가고 성장하는 데 꼭 필요한 역할을 담당하고 있어요.

식물 세포의 세포 소기관을 살펴보아요.

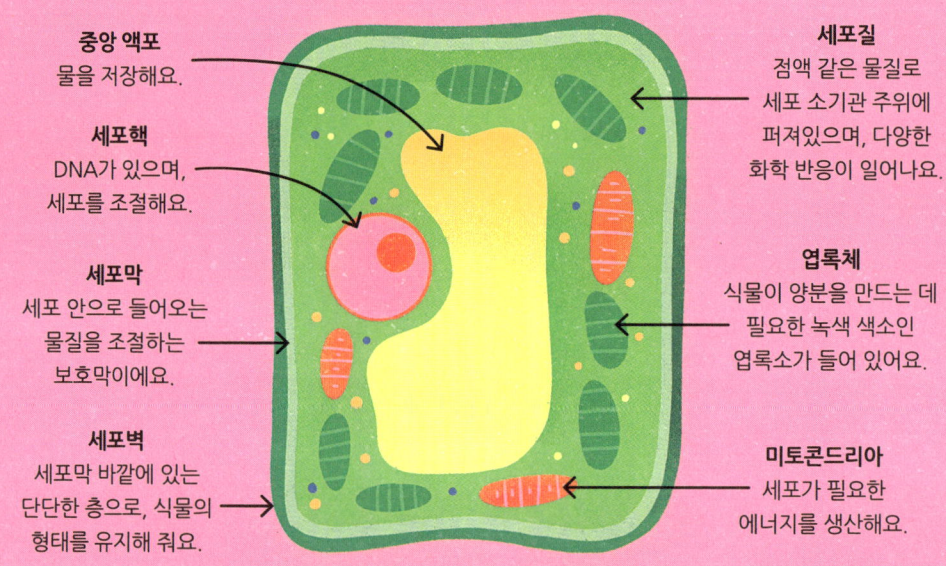

중앙 액포
물을 저장해요.

세포핵
DNA가 있으며,
세포를 조절해요.

세포막
세포 안으로 들어오는
물질을 조절하는
보호막이에요.

세포벽
세포막 바깥에 있는
단단한 층으로, 식물의
형태를 유지해 줘요.

세포질
점액 같은 물질로
세포 소기관 주위에
퍼져있으며, 다양한
화학 반응이 일어나요.

엽록체
식물이 양분을 만드는 데
필요한 녹색 색소인
엽록소가 들어 있어요.

미토콘드리아
세포가 필요한
에너지를 생산해요.

왜 이렇게 복잡한 이름들을 알아야 해요?
바깥에서 식물이 자라는 걸
바라보는 것만으로도 충분하지 않아요?

그래, 그것도 중요한 일이야.
하지만 세포 내부를 보면 왜, 어떻게
식물이 자라는지 정확히 알 수 있어.

예를 들어, 물이 식물 세포로 들어가면
중앙 액포가 물로 가득 차.
액포는 팽창해서 세포벽을 밀어내지.
덕분에 식물이 곧게 서고 시들지 않아.
그래서 겉보기에 가늘어 보이는 줄기가
무거운 꽃을 지탱할 수 있는 거란다.

세포의 구조

과학자들은 개미와 딱정벌레, 세균, 조류에 이르기까지 수많은 생물의 세포를 서로 비교했어요.
1990년, 세포를 자세히 연구한 끝에 아주 중요한 사실을 밝혀냈지요.

지구에 사는 생물의 형태는 크게 세 가지로 분류할 수 있어요.

세균

우리는 세포핵이 없는 단세포 생물이에요.
세포 안에 DNA가 느슨하게 감겨 있어요.

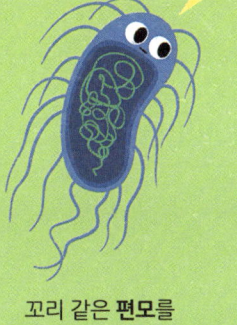

꼬리 같은 **편모**를 움직여 이동해요.

질병을 일으킬 수 있어요.

항생제로 제거할 수 있어요.

고세균

편모가 있어요.

질병을 일으키지 않아요.

항생제에 영향을 받지 않아요.

세포벽이 단단해 극한 환경에서 견딜 수 있어요.

진핵생물

우리는 다세포 생물이에요.
세포핵에 DNA가 있지요.

사람을 포함한 다른 모든 생물은 진핵생물이에요.

적혈구 같은 일부 세포는 처음엔 핵이 있다가 나중에 사라져요.

고세균은 세균보다 진핵생물과 더 가까워요.
DNA의 화학 성분이 서로 비슷하기 때문이에요.
그래서 세포의 발달 과정도 닮아 있어요.

나도 진핵생물이고, 당신도 진핵생물이에요.
그리고 이 바나나 나무도 진핵생물이지요.
그럼 우리가 바나나와 같은 존재라는 뜻이에요?

아니, 그건 아니야.
하지만 우리와 바나나의 세포,
DNA의 화학 성분, 성장하고 번식하는
방식이 비슷하다고 말할 수는 있어.

세포에 관한 사실

세포는 정말 신비로워요. 생명 과학자들이
동물 세포에 관해 밝혀낸 몇 가지 사실들을 살펴보아요.

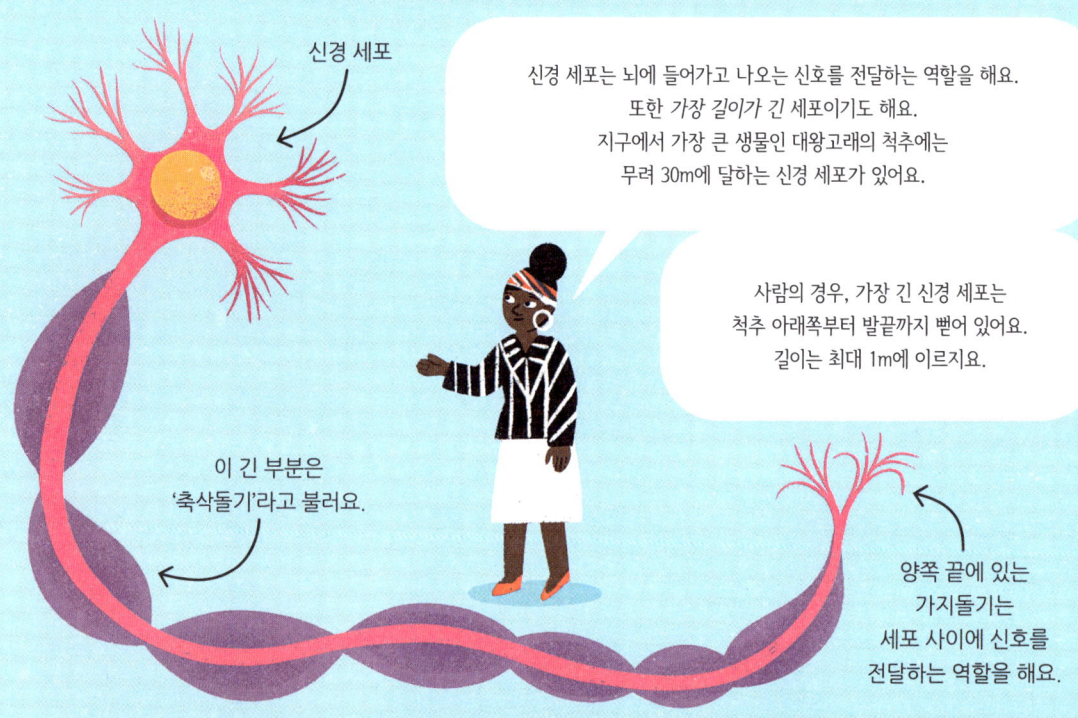

신경 세포

신경 세포는 뇌에 들어가고 나오는 신호를 전달하는 역할을 해요.
또한 가장 길이가 긴 세포이기도 해요.
지구에서 가장 큰 생물인 대왕고래의 척추에는
무려 30m에 달하는 신경 세포가 있어요.

사람의 경우, 가장 긴 신경 세포는
척추 아래쪽부터 발끝까지 뻗어 있어요.
길이는 최대 1m에 이르지요.

이 긴 부분은
'축삭돌기'라고 불러요.

양쪽 끝에 있는
가지돌기는
세포 사이에 신호를
전달하는 역할을 해요.

세포의 수명은 저마다 달라요. 대개 한 세포가 죽으면 새로운 세포로 대체되지요.

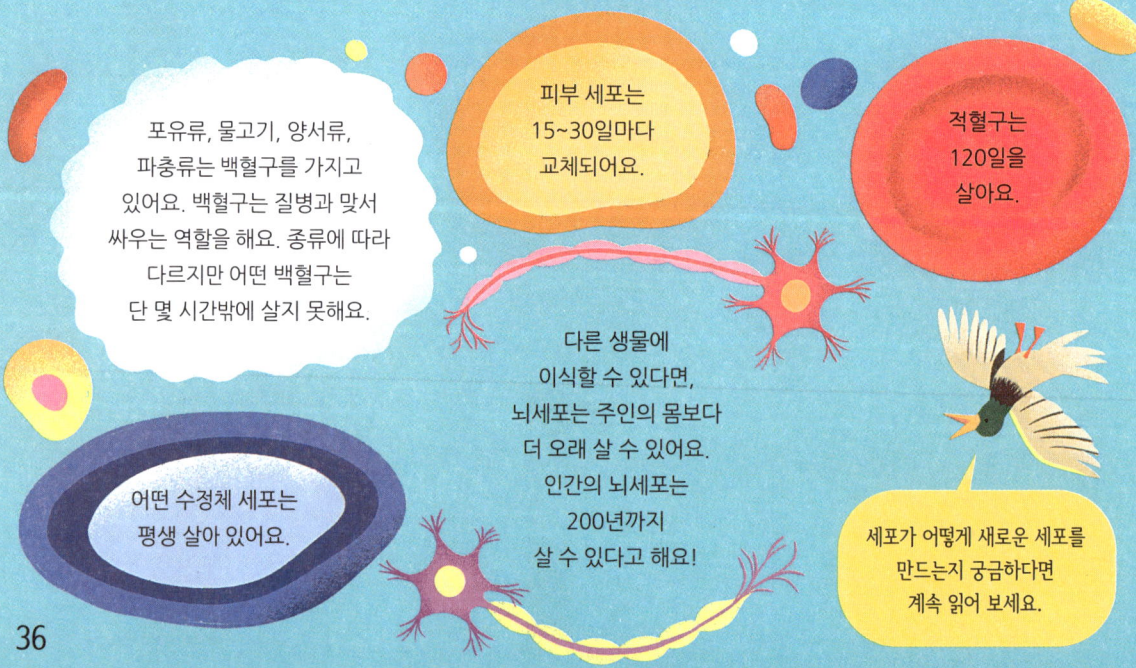

포유류, 물고기, 양서류,
파충류는 백혈구를 가지고
있어요. 백혈구는 질병과 맞서
싸우는 역할을 해요. 종류에 따라
다르지만 어떤 백혈구는
단 몇 시간밖에 살지 못해요.

피부 세포는
15~30일마다
교체되어요.

적혈구는
120일을
살아요.

다른 생물에
이식할 수 있다면,
뇌세포는 주인의 몸보다
더 오래 살 수 있어요.
인간의 뇌세포는
200년까지
살 수 있다고 해요!

어떤 수정체 세포는
평생 살아 있어요.

세포가 어떻게 새로운 세포를
만드는지 궁금하다면
계속 읽어 보세요.

세포 만들기

모든 생물은 하나의 세포에서 시작해요.
그런데 단 하나의 세포가 어떻게 수조 개의 세포로 자라는 걸까요?
한 가지 방법은 세포가 스스로 분열하여 자신과 똑같은 복사본을 만드는 거예요.
이를 **체세포 분열**이라고 해요. 과정은 다음과 같아요.

원래 세포
DNA
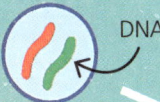

세포는 분열하기 전에
자신의 DNA를
복제해요.

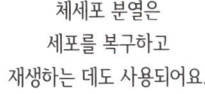

체세포 분열은
세포를 복구하고
재생하는 데도 사용되어요.

세포가 분열하면서
DNA도 분리되어요.

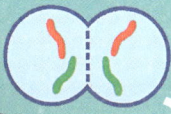

한 세포가 두 개의
똑같은 세포로 나뉘었어요.
각 세포는 원래 세포와
똑같은 DNA를 가져요.

분열이 계속되면서
세포 2개가 4개로,
4개가 8개로,
16개, 32개, 64개, 128개…
2배씩 계속 늘어나요.

세포가 분열할 때
DNA는 모두 풀려서 복사된 뒤,
새로운 두 개의 세포로 나뉘어 들어가지.

과정이 좀 복잡해 보이네요.
문제가 생기지는 않나요?

사실 문제가 생겨.
가끔 DNA 일부가 중복으로 복제되거나
아예 복제되지 않기도 해.
그렇게 되면 새로운 세포는
원래 세포와 조금 달라질 수 있지.

오, 안 돼!

변화가 나쁘지만은 않아.
그리고 새로운 세포를 만드는 방법은 또 있어.
궁금하다면 다음 장으로 넘어가 봐.

37

성과 생식 세포

새로운 세포를 만드는 또 다른 방법은 **유성 생식**이에요.
생명 과학자들이 정말 흥미로워하는 분야이기도 해요.
유성 생식은 두 세포의 DNA가 결합하여 새로운 생명체를 만드는 과정이에요.

대부분의 식물과 동물은 **생식 세포**라는 세포를 만들어요. 수컷과 암컷으로, 두 종류가 있지요. 생식 세포가 가진 DNA의 양은 다른 보통 세포의 절반이에요.

개구리의 유성 생식 과정을 살펴봐요.

수컷의 생식 세포인 정자

암컷의 생식 세포인 난자

수컷과 암컷의 생식 세포가 결합해요. 이를 **수정**이라고 해요.

두 세포의 DNA가 섞이며 새로운 세포가 만들어져요. 이를 **수정란**이라고 해요.

모든 식물과 동물은 수정란에서 시작되어요.

수정란은 스스로 복제하고 분열하고 또 분열하고…

…또 분열해서…

…**배아**가 되어요.

배아는 발달해서 올챙이가 되고…

…꼬리 달린 새끼 개구리가 되었다가…

…마침내 어른 개구리가 되어요.

줄기세포

생명 과학자들은 가장 초기 단계의 세포에 특히 관심이 많아요.
초기 단계의 세포는 초능력과 같은 힘을 가지고 있기 때문이에요.
이 세포는 **줄기세포**라고 부르며, 몸속의 *어떤 세포로도* 발달할 수 있는
가능성을 가지고 있어요.

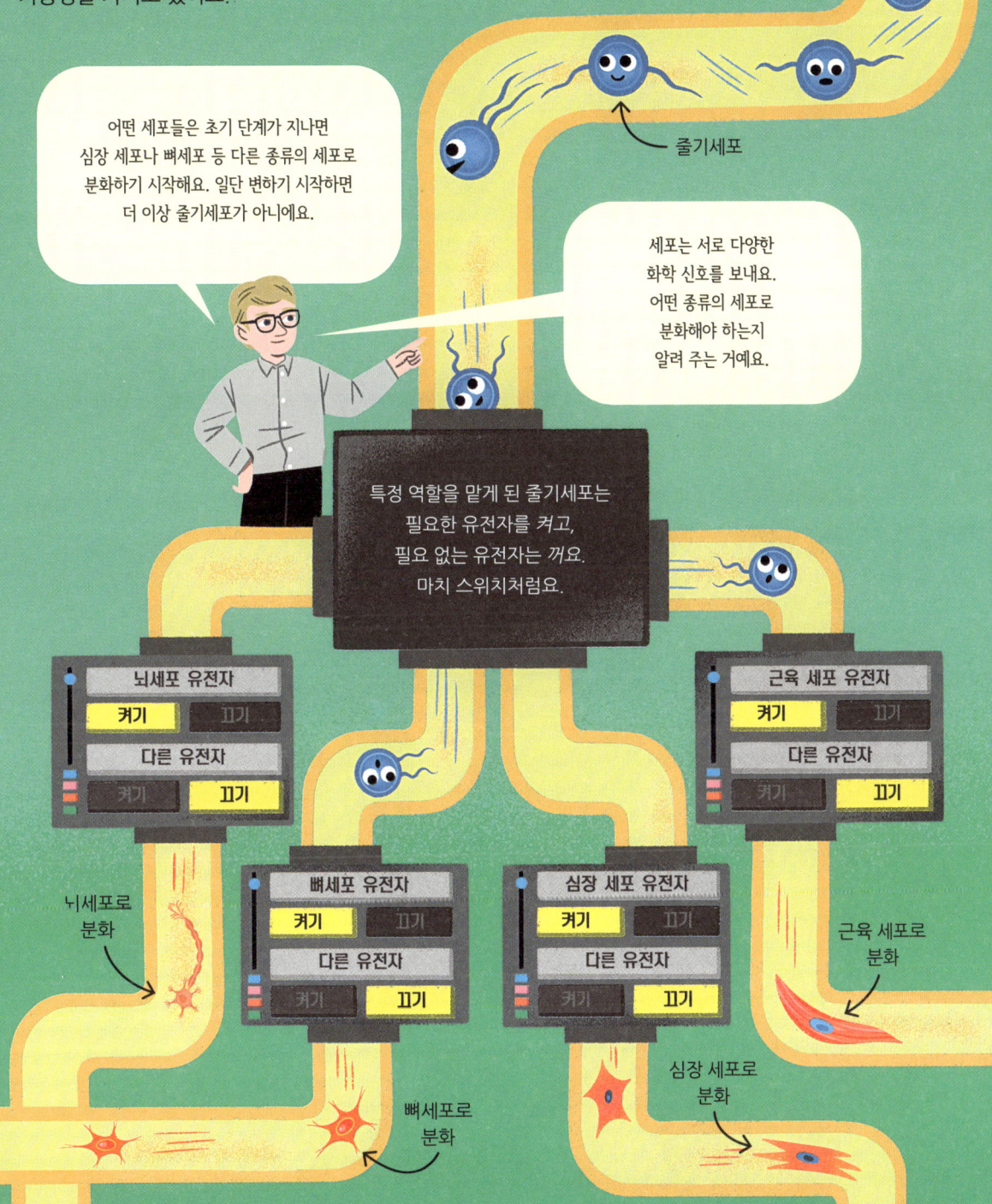

다시 자라나는 신체 부위

어떤 동물들은 줄기세포를 사용해 잃거나 손상된 신체 부위를 다시 회복시켜요.
예를 들어, 도롱뇽은 잃은 다리나 장기를 다시 만들 수 있어요.
어떤 동물은 잘려 나간 신체 부위에서 *몸 전체가* 새로 자라나기도 해요.

이 동물은 아홀로틀이에요. 멕시코에 사는 도롱뇽이지요. 아홀로틀은 줄기세포를 이용해 다리, 꼬리, 피부, 머리 심지어 뇌까지 다시 만들 수 있어요.

발을 잃으면 줄기세포가 상처 부위로 빠르게 모여 분열해요. 이렇게 초기 형태의 발이 생겨나고 6주가 지나면 새로운 발이 완성되지요.

상어는 이빨이 빠지면 새로운 이빨로 교체되어요.

사슴은 매년 뿔이 떨어지고 다시 자라요. 신체 부위를 재생할 수 있는 포유류는 사슴이 유일해요.

불가사리는 팔을 다시 자라게 할 수 있어요. 잘린 팔에서 몸 전체가 새로 자라게 할 수도 있답니다.

천산갑과 인간도 신체 일부를 다시 자라게 할 수 있을까요?

언젠가는 가능해질지도 몰라! 위에 나온 동물들은 우리보다 줄기세포를 훨씬 더 많이 가지고 있어. 과학자들은 줄기세포를 여러 가지 동물 조직으로 분화시키는 방법을 연구하고 있단다.

인간의 줄기세포 연구는 뜨거운 논쟁을 불러일으켜요.

줄기세포 연구는 의학 분야를 완전히 바꾸어 놓고 있어요. 특히 알츠하이머병처럼 전 세계 수많은 사람에게 영향을 미치는 질병의 치료법 개발에 큰 역할을 하고 있어요.

저는 인간 줄기세포를 실험에 사용하는 건 옳지 않다고 생각해요. 인간으로 발달할 가능성이 있는 세포니까요.

줄기세포를 사용할 때는 엄격한 법률이 적용되어요. 연구자들은 주로 난임 병원에서 사용하고 남은 줄기세포를 사용해요. 난임 병원은 여성의 임신을 도와주는 병원이에요. 사용하지 않은 5일 된 배아는 종종 연구용으로 기증되기도 해요.

하지만 이 연구가 어디까지 이어질까요? 예상하지 못한 결과가 생길 수도 있어요. 실험이 실패하고, 세계적으로 영향을 미칠 수 있는 새로운 문제가 발생할 수도 있잖아요.

많은 도움을 줄 수 있는 일이기 때문에 어느 정도 위험은 감수해야 해요.

배아에게도 인권이 있다고 생각해요.

수많은 사람들의 고통을 줄이고 생명을 구할 수 있어요.

생명을 함부로 다루어서는 안 돼요. 아무리 작은 배아라고 해도요.

글쎄요. 어차피 폐기될 배아라면 연구용으로 사용하는 것도 괜찮다고 생각해요.

유전 공학

과학자들이 다루는 대상은 줄기세포만이 아니에요.
어떤 생명 과학자들은 생물의 DNA를 재구성하는 방법을 연구하고 있어요.
이러한 기술을 **유전 공학**이라고 해요. 예를 들어, 한 생물의 유전자를 빼내어
다른 생물의 유전자에 끼워 넣어서 새로운 능력을 갖도록 만들 수 있어요.

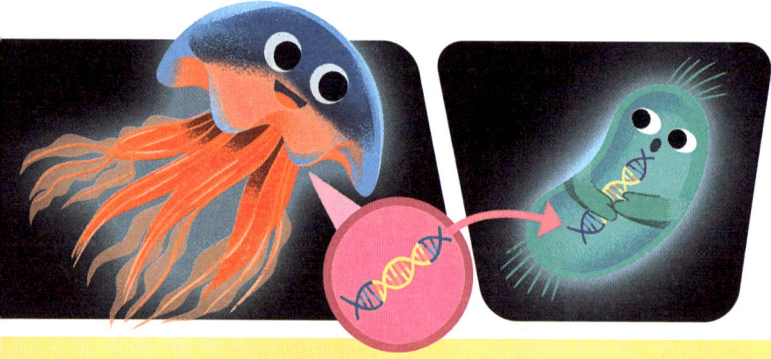

어떤 해파리는 빛을 내는 유전자를 가지고 있어요. 이 유전자를 추출해서…

…세균 안에 넣어요. 그럼 세균은 빛을 내게 되지요.

대단해요! 그런데 이렇게 하는 이유가 뭐예요?

당뇨병 치료에 활용되는 방법이야. 계속 읽어 봐.

당뇨병 환자를 치료하려면 혈당을 조절하는 호르몬인 인슐린을 투여해야 해요. 유전 공학자들은 인간의 DNA에서 인슐린을 만드는 유전자를 뽑아낸 다음…

…**플라스미드**에 끼워 넣어요. 플라스미드는 세균 안에서 발견되는 원 모양의 DNA 분자예요.

인간의 인슐린 유전자가 들어간 플라스미드를 세균에 주입하면, 세균이 인간의 인슐린을 만들기 시작해요.

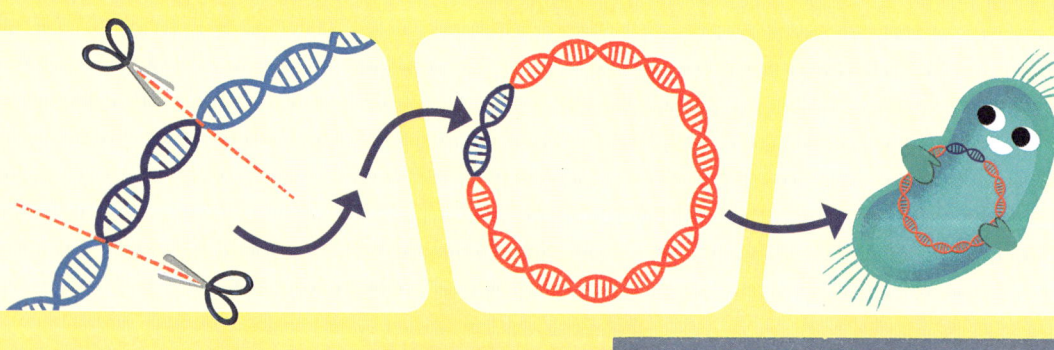

세균은 빠르게 증식해요. 그에 따라 대량의 인슐린을 얻을 수 있어요. 이렇게 만든 인슐린을 전 세계 당뇨병 환자를 치료하는 데 사용해요.

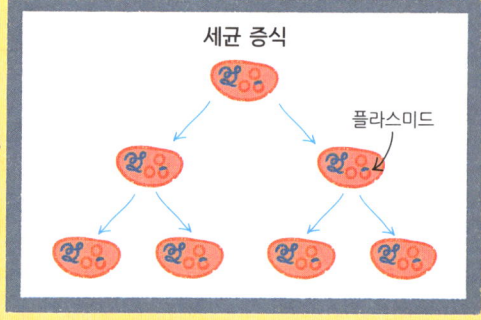

세균 증식

플라스미드

더 크게, 더 강하게, 더 맛있게

유전 공학자들이 가장 오랫동안 연구한 기술 중 하나는 식물 DNA를 변형하여 농부들이 더 좋은 식량을 더 많이 재배할 수 있도록 하는 거예요.

농부들은 이런 작물을 원해요.

열매를 많이 맺음

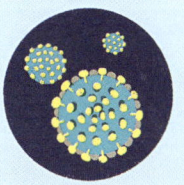
질병에 강함

가뭄이나 홍수에 잘 견딤

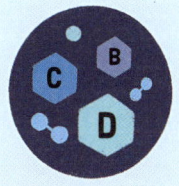
비타민과 영양소가 풍부함

유전 공학자들은 이러한 형질을 가진 유전자들을 여러 식물에서 추출한 뒤 세균이나 바이러스에 넣어요. 그런 다음, 이것을 식물 세포에 삽입하면 **유전자 변형 식물**로 자라요. 이렇게 자란 식물의 씨앗은 농부들이 원하는 형질을 모두 가지고 있어요.

> 유전자 변형 작물은 정말 최고예요! 옥수수의 크기가 더 커지고 수확량도 늘어서 더 많은 돈을 벌 수 있거든요. 왜 모두가 유전자 변형 작물을 재배하지 않나요?

> 유전자 변형 작물은 수확량을 늘리고, 전 세계의 식량 문제도 해결할 수도 있어요. 하지만 환경에 미치는 장기적인 영향은 아직 알려지지 않았어요.

> 어떤 영향을 말하는 거지요?

> 질병에 강한 작물은 결국 질병에 강한 잡초와 항생제에 내성을 가진 슈퍼박테리아를 만들어 낼지 몰라요. 또 어떤 유전자 변형 작물은 곤충을 해치는 물질을 만드는데, 이 때문에 곤충이 줄어들면서 생물 다양성이 위협받지요. 유전자 변형 작물이 약한 작물을 밀어내면 작물의 다양성도 줄어들 거예요.

*수술의 꽃가루가 암술에 묻는 일

> 음, 곤충은 수분*에 꼭 필요해요. 그리고 작물은 다양한 게 좋지요. 우리가 기르는 옥수수와 토마토의 맛이 다 똑같지는 건 원하지 않아요.

범죄 해결하기

인간 세포에서는 놀라울 정도로 많은 정보를 얻을 수 있어요.
아주 적은 정보로도 범죄 사건을 해결할 수 있지요.

여기는 살인 사건 현장이에요. 사건에 관계된 사람들이 곳곳에 남기고 간
피부 조각, 머리카락, 혈액 세포 속에 증거가 숨어 있어요.

과학 수사관들이 범인이 만졌을지도 모르는 물건들을 검사하고 있어요.

진공 흡입 장치로 문손잡이에 남아 있는 DNA 물질을 모두 빨아들여요.

이 영수증은 범인의 주머니에서 떨어졌을지도 몰라요.

어떤 물건을 만지든 **지문**이나 땀, 기름기, 죽은 세포로 이루어진 여러 흔적이 남아요.
수사관들은 이를 감식하고 샘플을 채취해요.

채취한 샘플은 실험실로 보내요.
법과학자는 샘플에서 DNA를 추출하지요.

여러 검사를 거쳐 한 사람만이 가지고 있는
특정 DNA를 찾아요.
이를 'DNA 프로필'이라고 해요.

모든 사람의 DNA는 비슷하지만,
개인마다 다른 부분이 있어요.

3장
진화

지구의 생물들은 끊임없이 변화하고 있어요.
대부분의 과학자들은 지금까지 살았던 모든 생물 종이
이전 생명체로부터 오랜 시간에 걸쳐 발달했다고 생각해요.
이러한 과정을 '진화'라고 하지요.

진화는 생명 과학에서 가장 중요한 이론 중 하나예요.
진화를 통해 생명이 최초의 세포에서 어떻게 발달했는지,
오늘날 왜 그토록 다양한 생물이 생겨났는지,
다른 종들이 서로 어떻게 연결되어 있는지
설명할 수 있어요.

생명 과학자는 생물의 진화 방식을 연구하면서
새로운 종이 어떻게 생겨나는지 이해해요.
또 생물이 어떻게 극한 환경에 적응하는지,
그리고 왜 어떤 종은 불행히도 멸종하고 마는지
밝힐 수 있지요.

자연 선택

생물이 어떻게 진화하는지는 생명 과학에서 아주 중요한 주제예요.
대부분의 과학자들은 진화가 **자연 선택**을 통해 일어난다고 생각해요.
자연 선택이 이루어지는 과정을 살펴보아요.

1단계: 모든 생물은 저마다 달라요.

같은 종의 생물이라도 저마다 특징이 조금씩 달라요.
이를 **형질**이라고 하고, 형질이 다르게 나타나는 것을 **변이**라고 해요.

여기 베일드카멜레온을 예로 들어 볼게요.
이들은 모두 같은 종이에요.
다들 피부가 비늘로 덮여 있고 꼬리가 말려 있어요.
하지만 조금씩 다른 점이 있어요.

등에 돌기가 있어요.

머리가 더 커요.

몸이 더 작아요.

혀가 더 길어요.

변이는 왜 생겨나는 거예요?

각 생물이 가진 DNA가 조금씩 다르기 때문이지.

두 생물이 만나 번식을 하면 DNA가 섞여요.
그리고 자손은 부모가 조합된 형질을 가지게 돼요.

형질: 몸이 더 작아요.

형질: 등에 돌기가 있어요.

형질: 몸이 더 작고, 등에 돌기가 있고…

… 피부에 잎사귀 무늬가 있어요.

이따금 일어나는 무작위 변화를 **돌연변이**라고 해요.
이 또한 DNA 설계도에 기록되지요.

어떤 돌연변이는 문제를 일으켜요.
하지만 아무런 영향을 주지 않는 것도 있고, 유용하게 작용하는 것도 있어요.

2단계: 유리한 형질을 가져요.

특정한 형질을 가진 생물은 같은 종의 다른 생물보다 생존이 유리할 수 있어요.

난 덤불과 색이 비슷해서 잘 안 보여, 헤헤!

난 아닌데! 큰일이군.

이 카멜레온은 잎사귀 무늬 피부 덕분에 천적을 피할 수 있어요. 그래서 더 오래 살아남지요.

천적의 눈에 잘 띄는 형질을 가졌다면 살아남기 어려울 거예요.

3단계: 형질이 유전되어요.

살아남은 생물만이 번식을 이어갈 수 있어요. 그리고 이들의 자손은 부모의 유리한 형질을 물려받아요. 자연 선택이 일어난 거예요.

자연 선택이란, 가장 유용한 형질이 후손에게 계속 이어지는 걸 말해요.

내 조상들이 시대에 따라 어떻게 변해 왔는지 봐요. 이들의 후손인 나는 꼬리로 나무를 붙잡아 기어오를 수 있고, 머리에 있는 볏에 물을 모을 수 있어요.

선택된 형질이 개체군 전체에 점차 흔해지면서, 종이 진화하게 되어요.

세대 간의 변화는 처음에는 작을지 몰라도, 수백만 년이 지나면 엄청나게 커다란 차이로 발전해요. 모든 종은 지금도 진화하고 있어요.

다윈의 항해

자연 선택 이론은 약 200년 전 영국의 생명 과학자 **찰스 다윈**이 처음 제시했어요.
다윈은 과학적 발견을 위해 남아메리카로 여행을 떠났다가
이러한 생각을 떠올렸어요.

다윈이 방문한 곳 중 하나는 에콰도르 서쪽 태평양에 있는 '갈라파고스 제도'로,
여러 섬으로 이루어져 있었어요. 다윈은 각각의 섬마다 비슷한 종이 살고 있지만,
모두 다른 형질을 가지고 있다는 사실을 발견했어요.

다윈은 여행에서 돌아온 후 몇 년간 핀치 부리의 차이를 설명하는 이론을 발전시켰어요.
이를 **자연 선택에 의한 진화**라고 불렀지요.
다윈의 주장은 다음과 같아요.

오래전, 모든 핀치는 남아메리카 대륙에서 살고 있었어요.
모두 비슷한 부리를 가지고 있었지요.

시간이 지나며 일부 핀치는
떨어진 섬으로 흩어져 살게 되었어요.
각각의 섬마다 다른 종류의 먹이가 있었지요.

남아메리카

갈라파고스 제도

곤충

커다란 씨앗

선인장

여러 세대가 지나면서,
핀치의 부리는
정착한 지역에서
구할 수 있는 먹이에
알맞도록 진화했어요.

진화가 계속되자, 핀치들은 서로 너무나 달라졌어요.
그래서 과학자들은 핀치들을 서로 다른 종으로 분류해요.

내 부리는 씨앗을
깨 먹기 좋아요.

내 부리는 선인장 열매를
꺼내먹을 수 있어요.

대륙에 사는 핀치

큰 땅핀치

선인장핀치

환경에 가장 잘 적응한
핀치들이 살아남아
번식을 해 온 거예요.

난 모든 생물이 진화한다고 생각해요.
환경에 적응하기 위해서 말이에요.
하지만 그렇게 생각하지 않는 사람들이
있을 것 같아 걱정이군요.

증거 모으기

다윈은 자신의 이론을 곧바로 발표하지 않았어요.
수년 동안 주장을 뒷받침할 증거들을 모았지요.
새로운 증거를 발견할 때마다 다윈은 점점 더 확신을 가지게 되었어요.

이 포유류들은 각자 다른 환경에서 살아요. 하지만 뼈 구조를 보면, 모두 다섯 손가락을 가진 점이 비슷해요.

뼈 구조가 비슷하다는 건 이들이 한때 공통 조상을 가졌다는 증거예요. 수백만 년이 흐르며 제각기 진화하고 다른 용도에 맞게 적응했지만요.

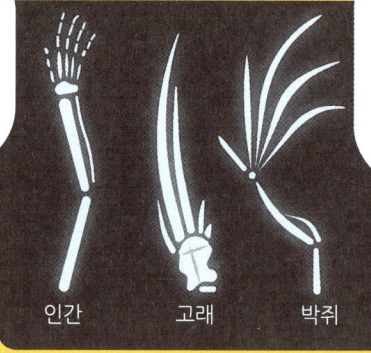

인간   고래   박쥐

화석을 보면 진화가 어떻게 일어났는지 알 수 있어요.
1억 5천만 년 전에 살았던 '아르카이옵테릭스'의 화석은 특히 더 중요해요.
아래는 아르카이옵테릭스가 살아 있을 때의 모습을 추측한 그림이에요.

파충류의 이빨이 있는 새의 부리

파충류의 발톱이 난 새의 날개

새의 깃털이 난 파충류의 꼬리

아르카이옵테릭스는 파충류와 새의 형질을 모두 가지고 있어요. 이를 통해 새가 오래전 공룡으로부터 진화했다는 사실을 추측할 수 있어요.

인간의 몸속에도 진화의 흔적이 있어요. 바로 척추 끝에 있는 꼬리뼈예요.
많은 포유류가 꼬리뼈를 가지고 있어요.

인간에게 꼬리뼈가 있다는 사실에서 인간은 꼬리가 있는 포유류와 공통 조상을 가졌다고 추측할 수 있어요.

52

1859년, 다윈은 그동안 조사한 내용을 모아 『종의 기원』이라는 책을 펴냈어요.
이 책은 세상을 놀라게 하고 많은 논란을 불러일으켰어요.
'신이 모든 생명을 만들었다'는 기존의 믿음에 반대되는 내용을 담고 있었기 때문이에요.
많은 기독교인이 다윈에게 분노했어요. 하지만 다윈을 지지하는 사람들도 많았어요.

생명은 무척이나 복잡하고 다양합니다.
분명 신과 같이 전능한 창조자의 손에
설계되었을 것입니다.

저는 다르게 생각합니다.
오랜 시간에 걸쳐 작은 변화가 거듭되면서
생명은 점점 더 복잡하게 발달할 수 있습니다.
이것이 바로 자연 선택이지요.

인간의 눈을 예로 들어 봅시다.
이렇게 정교한 것이 어떻게
저절로 생겨날 수 있단 말입니까?

자연에서 여러 생물들의 눈을 비교해 보면
발달된 정도가 매우 다양합니다.
어떤 눈은 단지 빛을 감지하는 세포에 불과합니다.
인간의 눈도 처음부터 완전한 형태는 아니었을 겁니다.

그러니까 당신은 모든 생물이
단순한 우연에 의해 진화되었다고
말하는 것입니까? 말도 안 돼요!

자연 선택은 우연히 일어난 것이 아닙니다.
생물은 다양한 환경에서 생존에 필요한
능력을 갖추기 위해 변화해 온 겁니다.
적응하지 못하면 사라지니까요.

나는 지금도 신이 어떤 목적을 가지고
우리를 창조했다고 믿습니다.
우리 삶에는 반드시 어떤 의미가 있어야 합니다.

하지만 다윈의 이론은 신과 관련된 것이 아닙니다.
자연 선택은 생명의 기원이나 의미를 다루지 않아요.
지구의 생명이 과거부터 지금까지
어떻게 발달해 왔는지 설명할 뿐이지요.
이건 정말 반박하기 어려운 확실한 증거예요.

적응하거나 멸종하거나

오늘날 생명 과학자들은 왜 어떤 종은 적응하고,
어떤 종은 그렇지 못하는지 그 이유를 찾고 있어요.
분명한 것은, 환경으로부터 수많은 영향을 받아 종이 진화한다는 거예요.

생물은 기온, 계절, 기후 등 자신이 살고 있는 **환경 조건**에 적응해야 해요.

건조한 사막 환경에 사는 선인장은 크고 두꺼운 줄기에 물을 저장하고, 물이 증발하지 않게 잎을 가시로 바꾸었어요.

대왕오징어는 깊고 어두운 바닷속에서도 먹이를 잘 볼 수 있게 눈을 거대하게 발달시켰어요.

많은 종이 신체적 특성을 유리하게 진화시킬 뿐만 아니라, **행동 방식**도 바꾸어요.

우린 거위야. 겨울이 다가오면 먹이를 찾으러 따뜻한 남쪽으로 날아가지. 이를 동물의 **이주**라고 해.

도시가 점점 커지고 먹이를 찾기가 힘들어지면서, 우리 쥐는 사람들이 먹고 남긴 음식들을 먹이로 삼았어.

만약 환경이 계속 변한다면 그곳에 사는 종들은 살아남기 위해 끊임없이 적응해야 해요.

같은 장소에 사는 생물들끼리도 먹이와 서식지를 두고 경쟁해야 해요.
예를 들어, 사자와 치타는 모두 아프리카 초원에 사는 육식 동물이에요.
먹이 다툼을 피하기 위해 두 종은 서로 다른 종류의 영양을 사냥해요.

사자는 크고 힘이 강해요.
그리고 무리 지어 사냥하도록 진화했어요.
누처럼 큰 영양도 덮칠 수 있지요.

으악!
발톱이 너무 무서워!

치타는 사자보다 작지만 더 빨리 달려요.
그래서 더 작고 날렵한
임팔라를 사냥해요.

다르게 적응한 덕분에 두 종은 심한 경쟁을 피할 수 있어요.
그래서 둘 다 살아남아요.

만약 적응하지 못하거나 경쟁에서 밀려나면 그 종은 **멸종**해요.
지구에서 완전히 사라지는 거예요.

메가테리움은
코끼리 크기만 한 나무늘보로,
약 1만 년 전에 멸종했다.

기후가 점점 따뜻해지면서
다른 지역에서 온 생물들이
메가테리움의 서식지를 침범했을 거예요.
한정된 먹이를 두고 경쟁이 더 심해졌겠지요.
결국 빠르게 적응하지 못한
메가테리움은 멸종했어요.

함께 진화하기

때로는 서로 다른 종이 영향을 주고받으면서 적응하기도 해요.
이를 **공진화**라고 해요.

포식자와 먹잇감 사이에서 공진화가 일어날 수 있어요.
돌게와 바다 달팽이를 예로 들어 봐요.

돌게는 바다 달팽이를 잡아 먹어요.
집게발로 바다 달팽이 껍데기를 부수어 먹지요.

그러자 바다 달팽이는 껍데기를 더 두껍고
가시 돋친 형태로 발달시켰어요.
쉽게 부서지지 않게 말이에요.

그러자 돌게는 단단한 껍데기를 부수기 위해
집게발을 더 강력하게 발달시켰어요.

바다 달팽이 껍데기에는 가시가 더 많아졌고…

…돌게의 집게발은 더 커졌어요.
진화 대결은 지금도 계속되고 있어요.

날 절대 이길 수 없을걸.
난 더 크고 강해질 테니까.

과연 그럴까?
이걸 한번 부숴 보시지!

서로 다른 두 종이 서로를 돕는 방향으로 공진화가 일어나기도 해요.
이를 **상리 공생**이라고 해요.

아카시아 개미는 휘파람가시나무에 살아요. 이 나무의 가지는 아카시아 개미가 살 수 있도록 속이 비고 둥근 형태로 발달했어요.

아카시아 개미는 높은 공격성을 띠도록 진화했어요. 이들은 나무를 지키는 경호원처럼 행동해요. 잎을 먹는 동물은 모두 물어서 쫓아내지요.

따끔!

아야!

또 다른 기발한 공진화는 바로 **의태**예요.
의태란, 주위의 물체나 다른 동물과 비슷한 모습을 띠는 것을 말해요.

이 중 하나는 맹독을 가진 산호뱀이야. 다른 하나는 위험하지 않은 우유뱀이지. 둘을 구별할 수 있겠니?

음... 잘 모르겠어요.

우유뱀　　　　　　　산호뱀

우유뱀은 산호뱀의 무늬를 흉내 내요.
위험한 독뱀처럼 보이면 자기를 잡아먹으려는 라쿤 등 포식자들을 쫓아낼 수 있어요.

4장
인체

기술이 발전한 덕분에 생명 과학자는
인간의 몸을 놀랍도록 자세히 연구할 수 있게 되었어요.
수많은 궁금증을 풀어가기 시작했지요.

뇌는 어떻게 우리 몸을 조절할까요?
장내 세균이 우리 감정에 영향을 줄 수 있을까요?
우리 인간의 DNA는 얼마나 특별할까요?

인체가 어떻게 기능하는지 알게 되면서,
다양한 질병에 새로운 치료 방법을 개발할 수 있게 되었어요.
사람들은 더 오래, 더 건강하게 살 수 있게 되었지요.

몸속 들여다보기

해부학은 생명 과학자들이 연구하는 가장 기본적인 분야 중 하나예요.
몸의 구조와 심장, 폐, 근육, 뼈 등 몸속에 있는 모든 것을 연구하는 학문이지요.
해부학의 간략한 역사를 살펴보아요.

1500년대, 벨기에의 과학자 **안드레아스 베살리우스**는 **해부**를 통해
인체의 구조를 자세하게 관찰한 최초의 과학자 중 한 사람이에요.
그는 시신을 갈라 사람 몸속이 어떻게 생겼는지 들여다보았어요.

또한 베살리우스는
공개적으로 해부를 진행하며
다른 사람들을 가르쳤어요.

이것이 인간의 심장입니다!
네 개의 방으로 나누어진
구조를 보십시오.

오늘날에는 과학 기술 덕분에 직접 해부하지 않아도 *살아 있는* 사람의 몸속을 볼 수 있어요.
예를 들면 자기 공명 영상 기술(MRI)을 사용해요.

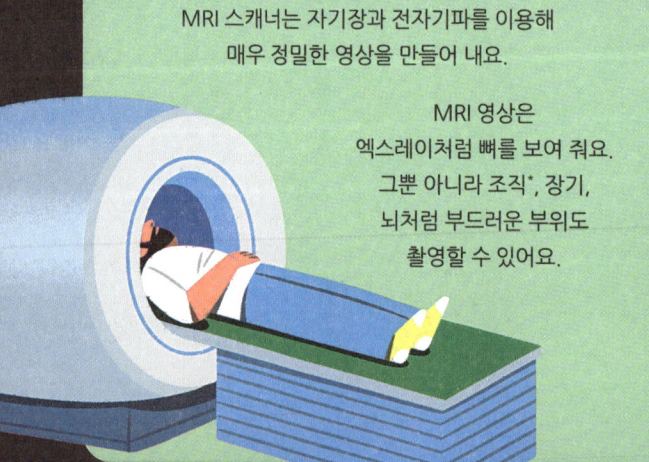

MRI 스캐너는 자기장과 전자기파를 이용해
매우 정밀한 영상을 만들어 내요.

MRI 영상은
엑스레이처럼 뼈를 보여 줘요.
그뿐 아니라 조직*, 장기,
뇌처럼 부드러운 부위도
촬영할 수 있어요.

MRI 영상은 주로 의사가
환자들의 다양한 질병을
진단하는 데 사용되어요.

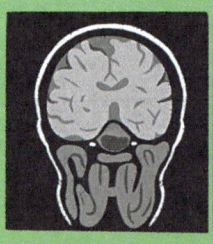

*같은 기능과 구조를 가진
세포의 집단

최근 몇 년 동안, 과학자들은 MRI로 촬영한 영상을 활용하여
인체를 다양한 각도에서 볼 수 있는 디지털 3D 모형을 만들었어요.

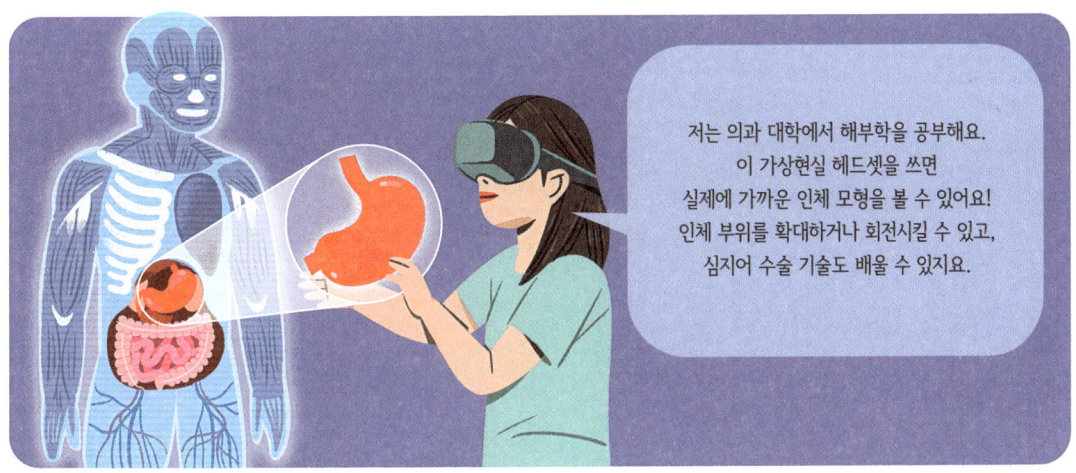

인체 해부학을 공부하는 사람은 의료 전문가만이 아니에요.
인체에 관한 지식은 다양한 분야에서 유용해요.

살아있는 몸

인체는 여러 다양한 일을 하는 장기와 조직, 세포, 화학 물질로 이루어져 있어요. 이들은 함께 기능하면서 모든 생물이 생명을 유지하는 데 필요한 일곱 가지 주요 과정을 수행해요. 생물의 일곱 가지 조건은 8쪽에서 찾아보세요.

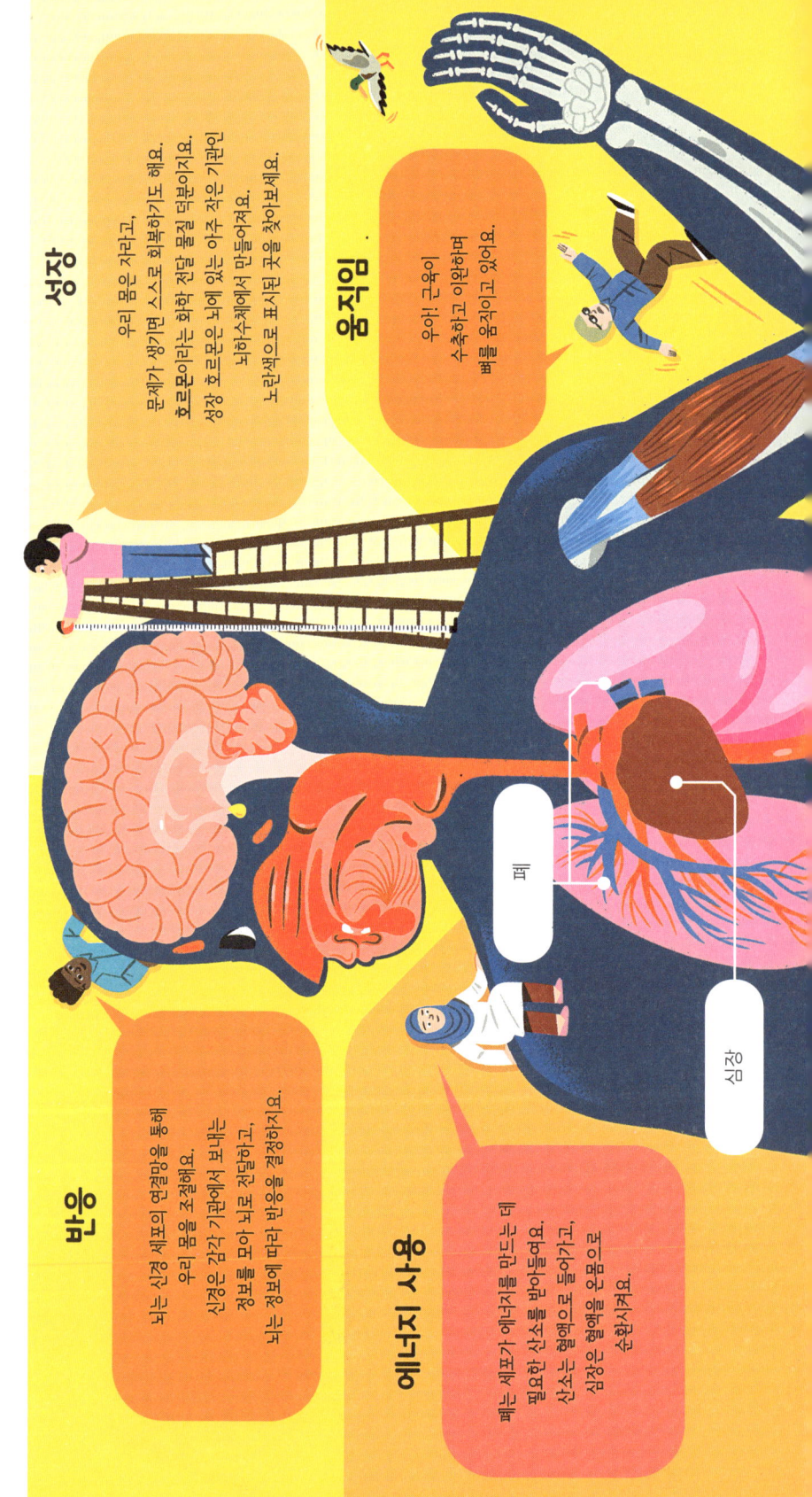

성장
우리 몸은 자라고, 문제가 생기면 스스로 회복하기도 해요. **호르몬**이라는 화학 전달 물질 덕분이지요. 성장 호르몬은 뇌에 있는 아주 작은 기관인 뇌하수체에서 만들어져요. 노란색으로 표시된 곳을 찾아보세요.

움직임
우아! 근육이 수축하고 이완하며 뼈를 움직이고 있어요.

반응
나는 신경 세포의 연결망을 통해 우리 몸을 조정해요. 신경은 감각 기관에서 보내는 정보를 모아 뇌로 전달하고, 나는 정보에 따라 반응을 결정하지요.

에너지 사용
폐는 세포가 에너지를 만드는 데 필요한 산소를 받아들여요. 산소는 혈액으로 들어가고, 심장은 혈액을 온몸으로 순환시켜요.

폐

심장

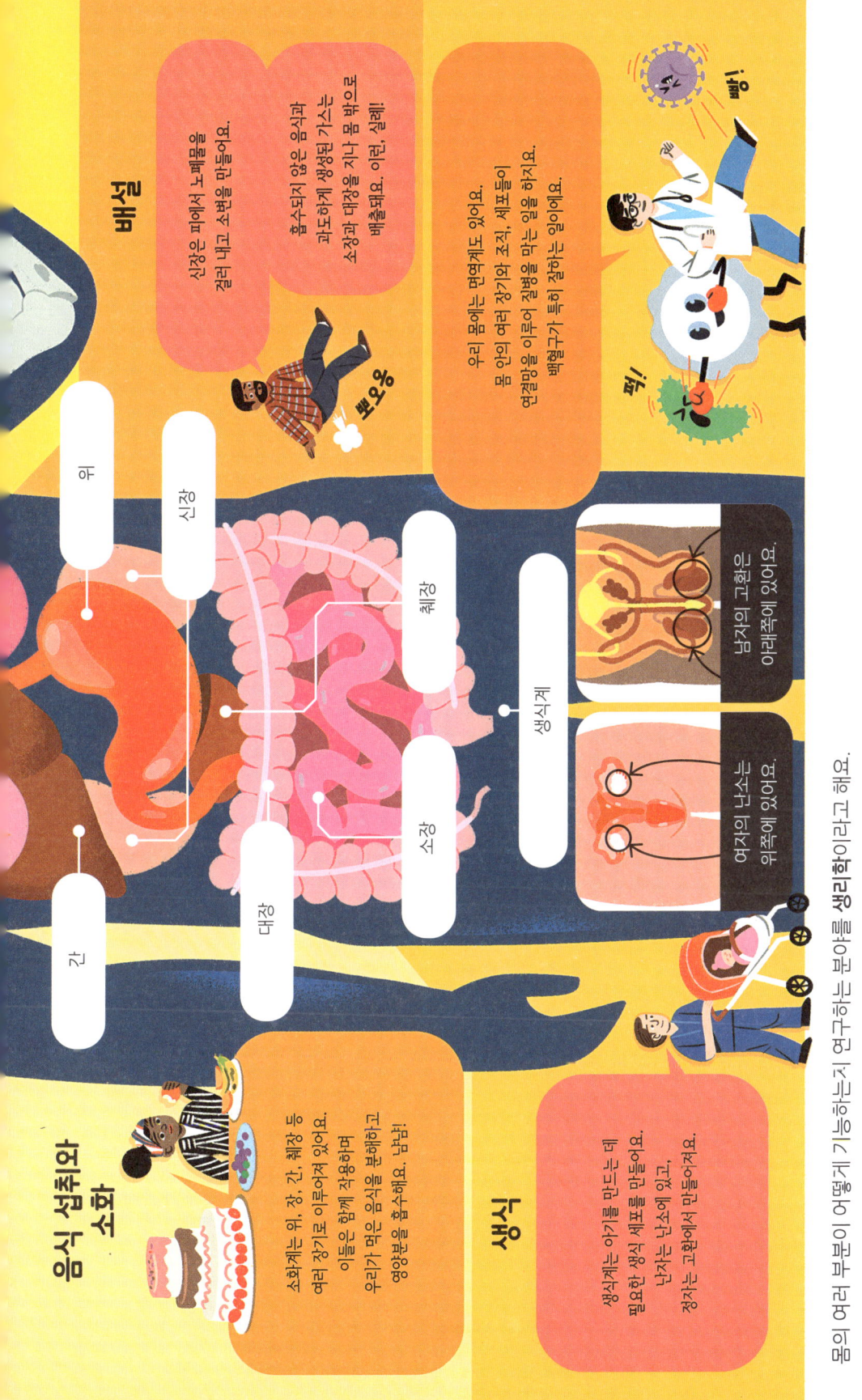

몸의 여러 부분이 어떻게 기능하는지 연구하는 분야를 **생리학**이라고 해요.

인체 생리학은 매우 복잡하고, 사람마다 다를 수 있어 더욱 어려운 분야지요. 생명 과학자들이 밝혀내야 할 것들이 아주 많아요.

특히 우리 몸에서 가장 복잡한 기관인 뇌에 관해서는 더 많은 연구가 필요해요.

뇌

인간의 뇌는 물렁물렁한 덩어리처럼 보이지만, 놀라울 만큼 복잡해요.
뇌는 온몸을 조절하는 아주 중요한 일을 해요.
뇌를 연구하는 사람을 **신경 과학자**라고 해요.

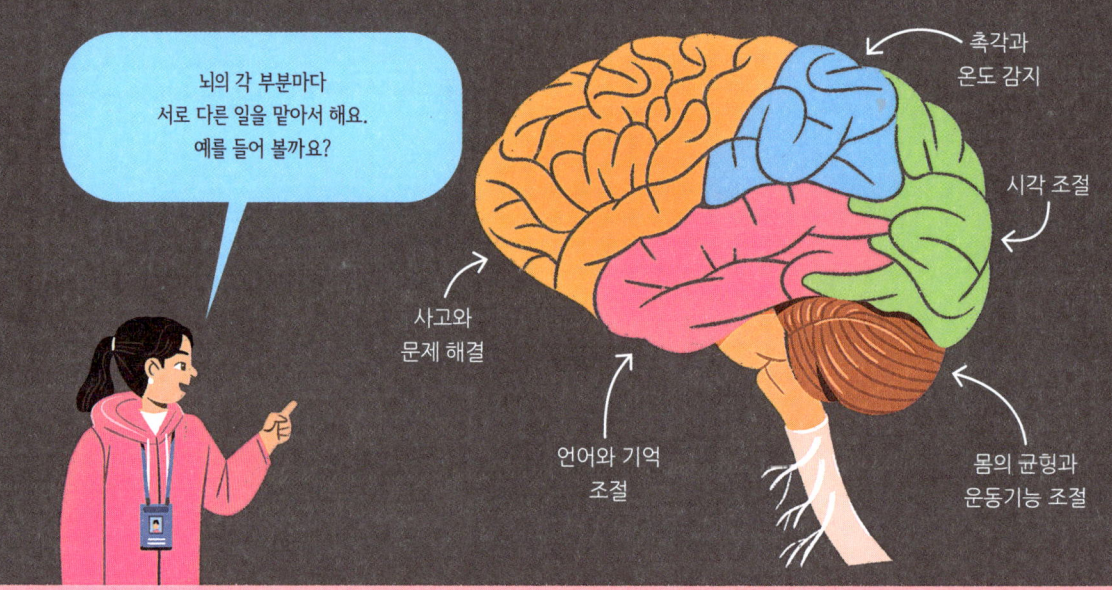

뇌의 각 부분마다 서로 다른 일을 맡아서 해요. 예를 들어 볼까요?

- 촉각과 온도 감지
- 시각 조절
- 사고와 문제 해결
- 언어와 기억 조절
- 몸의 균형과 운동기능 조절

우리 뇌는 **뉴런**이라는 수십억 개의 세포로 이루어져 있어요. 뉴런은 전기 신호와 화학 신호를 전달해요.
만약 우리가 손을 움직이고 싶으면, 뇌가 뉴런으로 이루어진 신경을 통해
근육에 신호를 보내어 무엇을 해야 하는지 알려 줘요.

뇌에서 만든 전기 신호는 뉴런 끝까지 이동해요. 그곳에서 **시냅스**라는 틈새에 이르지요. 하지만 전기 신호는 이 틈새를 넘어갈 수 없어요.

그래서 뉴런은 **신경 전달 물질**이라는 화학 물질을 방출해요. 신경 전달 물질은 시냅스를 건너서…

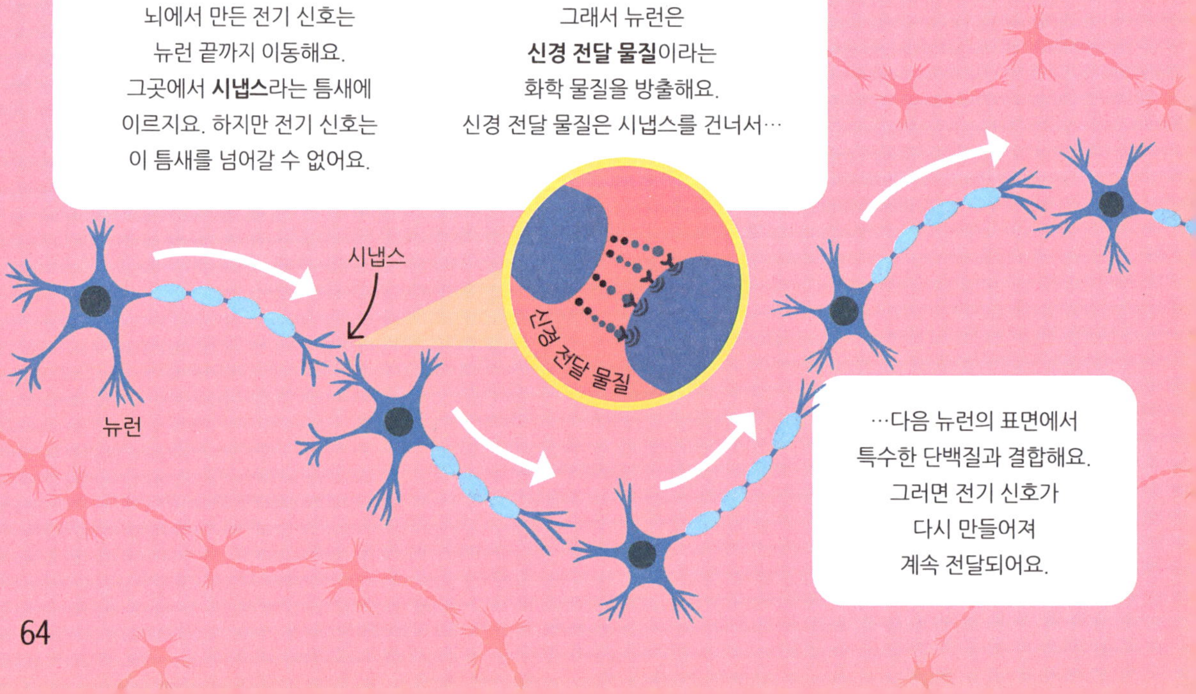

시냅스

신경 전달 물질

뉴런

…다음 뉴런의 표면에서 특수한 단백질과 결합해요. 그러면 전기 신호가 다시 만들어져 계속 전달되어요.

우리 뇌는 복잡한 뉴런 **경로**를 만들면서 정보를 처리해요.
또한 경로를 바꾸고 재배치할 수도 있어요. 이러한 능력을 **신경 가소성**이라고 해요.
신경 가소성 덕분에 우리는 새로운 것을 습득할 수 있지요.

우리가 새로운 기술을 배우면
뉴런이 다양한 경로를 만들어요.
연습을 자주 하면 뇌가
가장 좋은 경로를 찾을 수 있어요.

꾸준히 연습하면
뇌가 최적의 경로를 반복해서 사용해요.
그러면 경로가 강화되고
기술도 점점 능숙해져요.

동물의 뇌도 대부분 사람처럼 뉴런이 있고 신호를 보내요.
신경 과학자는 무엇이 인간의 뇌를 특별하게 만드는지 관심을 가지고 연구해요.

인간의 뇌는 문제 해결, 언어 활용, 기억처럼
복잡한 기능을 수행하는 부분이
매우 발달했어요.

그것만으로 사람이 특별하다고 할 수 없어요.
지능이 높은 동물들도 많거든요.
코끼리는 기억력이 매우 좋아요.
까마귀는 도구를 사용해 먹이를 찾지요.

그리고 동물들도 언어를 활용해요.
우리 돌고래는 끽끽거리거나
휘파람 같은 소리를 내서
서로 의사소통을 해요.
끼익 끼이이익 끽!

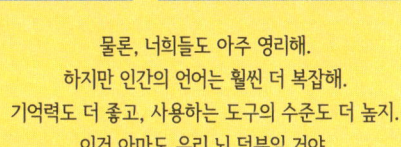

물론, 너희들도 아주 영리해.
하지만 인간의 언어는 훨씬 더 복잡해.
기억력도 더 좋고, 사용하는 도구의 수준도 더 높지.
이건 아마도 우리 뇌 덕분일 거야.

끽 끽!

우리 몸속의 세균

우리 몸은 우리만의 것이 아니에요.
피부와 여러 기관 속에 수조 마리의 세균이 함께 살고 있거든요.
그중에서 소화 기관에 살고 있는 장내 세균은 매우 유익한 존재예요.

생명 과학자들은 사람마다 장에 사는
세균의 구성이 다르다는 사실을 알아냈어요.
장 속 세균의 종류는 300에서 500가지에 이르지요.
이들을 모두 통틀어 **장내 미생물군**이라고 해요.

장내 세균의 대부분은 대장 속에 있는
주머니 같은 곳에 살아요.

장내 세균이 맡은 가장 중요한 일은
먹은 음식을 분해해서 몸에 필요한
영양소로 만드는 거예요.
이뿐만이 아니에요.

대장

과학자들은 장내 미생물군이 우리 건강에 *아주 큰* 영향을 미친다는 사실을 발견했어요.
이들은 감염과 질병으로부터 우리를 보호해 줘요.

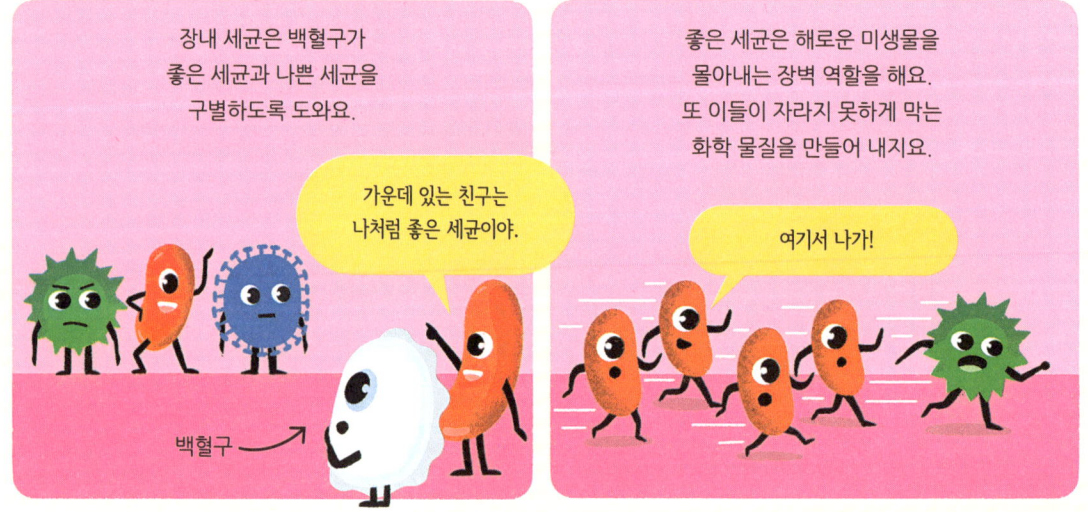

장내 세균은 백혈구가
좋은 세균과 나쁜 세균을
구별하도록 도와요.

가운데 있는 친구는
나처럼 좋은 세균이야.

백혈구

좋은 세균은 해로운 미생물을
몰아내는 장벽 역할을 해요.
또 이들이 자라지 못하게 막는
화학 물질을 만들어 내지요.

여기서 나가!

생명 과학자들은 장내 미생물군과 뇌의 관계에 특히 관심을 가져요.
장과 뇌는 **미주 신경**이라는 신경으로 직접 연결되어 있어서 쉽게 소통할 수 있어요.

장과 뇌의 관계를 연구하면 다양한 질환을 효과적으로 치료할 수 있는 방법을 찾을 수 있어요.
소화부터 정신 관련 질환까지 많은 문제를 해결하는 데 도움이 될 거예요.

인간 유전체

생명 과학자들은 우리 몸이 어떻게 이루어져 있는지
가장 근본적인 수준에서 알아보기 위해 DNA를 연구해요.
DNA에 암호화된 전체 유전 정보를 **인간 유전체**라고 불러요.

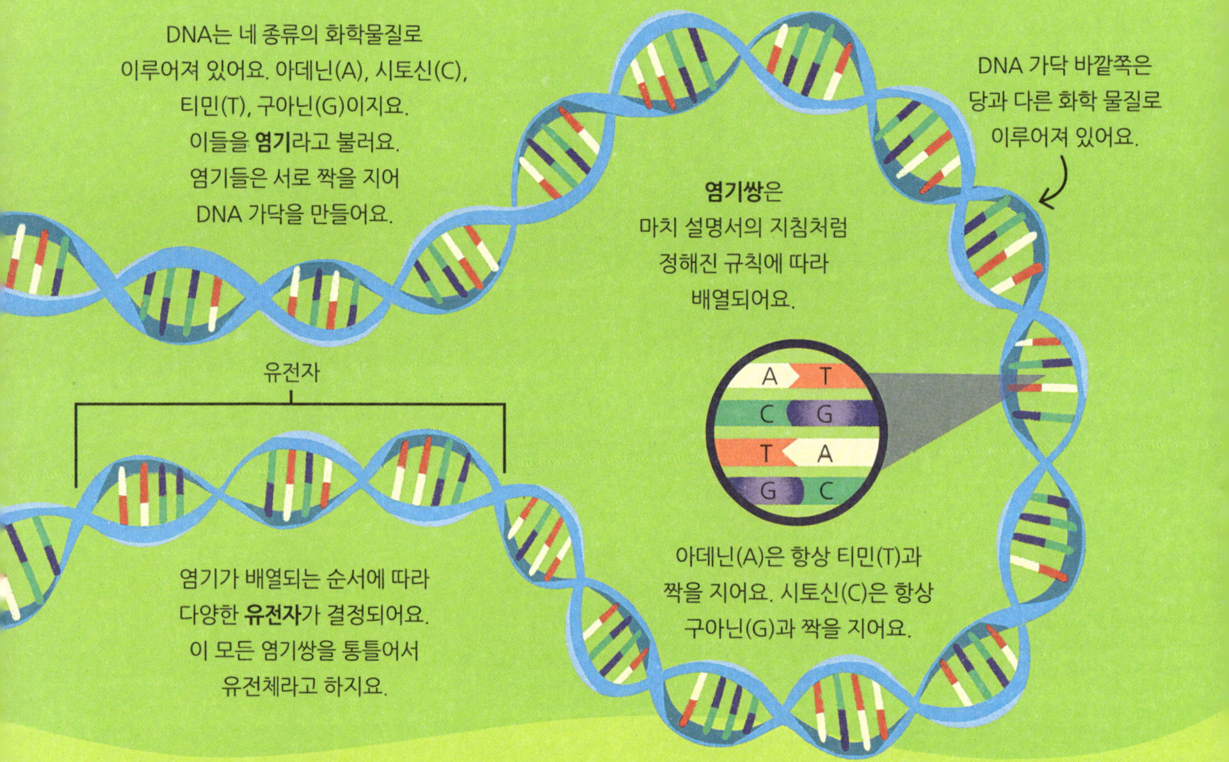

DNA는 네 종류의 화학물질로
이루어져 있어요. 아데닌(A), 시토신(C),
티민(T), 구아닌(G)이지요.
이들을 **염기**라고 불러요.
염기들은 서로 짝을 지어
DNA 가닥을 만들어요.

DNA 가닥 바깥쪽은
당과 다른 화학 물질로
이루어져 있어요.

염기쌍은
마치 설명서의 지침처럼
정해진 규칙에 따라
배열되어요.

유전자

염기가 배열되는 순서에 따라
다양한 **유전자**가 결정되어요.
이 모든 염기쌍을 통틀어서
유전체라고 하지요.

아데닌(A)은 항상 티민(T)과
짝을 지어요. 시토신(C)은 항상
구아닌(G)과 짝을 지어요.

모든 생물은 유전체를 가지고 있어요. 세포 대부분에 유전체가 복제되어 있지요.
같은 종의 생물은 유전체가 서로 비슷해요.

오리의 유전체는
염기쌍이 약 10억 개예요.

천산갑의 유전체는
염기쌍이 약 25억 개예요.

인간의 유전체는 염기쌍이 약 30억 개예요.
그런데 한 사람의 유전체는
다른 사람과 얼마나 비슷할까요?
과학자들이 수년 간 연구한 끝에
답을 알아냈어요.

인간 유전체 프로젝트

1990년, 인간 유전체의 30억 염기쌍 순서를 알아내기 위한 프로젝트가 시작되었어요. 여러 나라 생명 과학자들이 협력하여 진행하는 연구 중에 가장 규모가 큰 것으로, **인간 유전체 프로젝트**라고 불렀어요.

20명의 지원자에게서 채취한 DNA 샘플이 여러 나라의 실험실로 전달되었어요.

과학자들은 **DNA 염기 서열 분석법**이라는 방법을 사용해 염기쌍의 순서를 알아냈어요.

그 후 지원자들의 DNA를 비교하고 정보를 결합해 표준이 될 인간 유전체 서열, 즉, 하나의 단일 서열을 만들었어요.

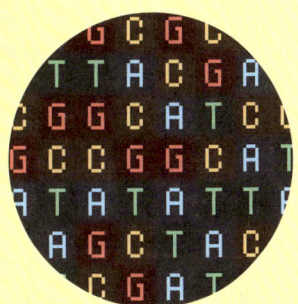

2000년대 초, 과학자들이 인간 유전체의 초안을 완성했어요. 염기쌍 서열은 다른 과학자들이 연구에 활용할 수 있도록 온라인에 공개되었어요. 만약 종이에 인쇄했다면 책 1만 권이 넘을 방대한 양이었지요.

어떻게 모든 인간이 똑같은 단일 서열을 가질 수 있지요? 다들 다르게 생겼는데요.

모든 인간은 유전체의 99.9%가 똑같아. 단 0.1%의 유전적 차이가 사람의 특징을 결정하지. 예를 들어, 내 기다란 코와 곱슬곱슬한 머리처럼 말이야.

그럼 그 서열을 조작해서 새로운 인간을 만들 수도 있나요?

이론적으로는 가능하지만 실현되기는 무척 어려울 거야. 윤리적인 문제들도 많을 테고 말이야.

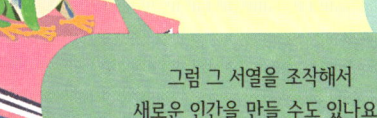

5장
생태학

생태학은 인간을 포함한 모든 생물과 환경 사이의
상호 작용을 연구하는 학문이에요.

생태학자들은 산호초와 열대우림, 도시와 강에 이르기까지
환경이 *어떻게*, *왜* 변화하는지 살펴보아요.
또한 이러한 변화가 여러 생물에 미치는 영향을 연구하지요.

오스트레일리아의 악어들은 왜 사라지고 있을까요?
북극 얼음 아래에 있는 일각돌고래를 어떻게 추적할까요?
세계에서 가장 크고 냄새가 고약한 꽃은 왜 멸종 위기에 처했을까요?
생태학자들은 여러 가지 문제의 답을 찾기 위해
수없이 많은 정보를 수집하고 있어요.
또 문제의 해결책을 찾기 위해 노력하고 있지요.

더워지는 지구

지구 기후가 점점 따뜻해지고 있어요. 가장 큰 원인은 화석 연료를 태울 때 방출되는 이산화 탄소(CO_2)가 대기에 태양열을 가두기 때문이에요. 생태학자들은 기후 변화가 생물들의 서식지에 어떤 영향을 미치는지 연구하고 있어요.

지구 온난화에 관해 많이 들어 봤어요. 하지만 이것이 생명 과학과 무슨 관련이 있는 거지요?

지구의 기온이 높아지면서 세계 곳곳의 생물 서식지에 커다란 변화가 일어나고 있어. 그곳에 사는 동물과 식물도 영향을 받고 있지.

어떤 영향이요?

지구 기온이 상승하면 산불처럼 심각한 기후 현상이 빈번하게 일어나.

생물들은 기후 변화를 피해 다른 지역으로 이동해. 또는 이주에 실패해서 살아남지 못해. 이는 다른 생물까지 대량 멸종하는 연쇄 반응을 일으킬 수 있어.

생명 과학자들이 할 수 있는 일은 뭐예요?

변화를 이해하면, 미래의 생태학적 재난을 예측할 수 있어. 서식지와 생물 종을 보호하는 방법도 찾을 수 있을 거야.

해안 서식지

지구가 더워지면서 얼음이 녹고 해수면이 상승하고 있어요.
이 때문에 수천 마리 거북과 새들의 둥지가 사라지고 있지요.
기온이 올라가면 거북의 개체 수도 직접적인 영향을 받아요.

사례 연구: 바다거북

바다거북은 2~3년마다 자신이 태어났던 해변으로 돌아와 알을 낳아요.
밀물이 올라올 때보다 더 높은 곳에 알을 낳아 묻지요.
알이 바닷물에 잠기지 않게 하기 위해서예요.

기온은 거북의 생존에 무척 중요한 요소에요.
새끼 거북의 성별을 결정하기 때문이에요.
31℃ 이상이면 암컷이 태어나고,
27.7℃ 이하에서는 수컷이 태어나요.
그 사이 온도에서는 섞여 태어나지요.

알을 익힐 정도로 뜨거운 태양열은
배아를 죽일 수 있어요.
날씨가 더우면 수컷 거북도,
태어나는 새끼 거북도 줄어들어요.

갈매기가 안 보이니 서두르자!

장수거북의 알은 50~60일이 지나 부화해요.
새끼 거북은 바다를 향해 모래밭을 기어가요.
이때 천적에게 잡아먹히는 등 수가 더 줄어들어요.

생태학자들은 위성 지도 기술을 사용해 바다거북의 산란지 중 위험에 처한 곳을 추측해요.
그리고 그 장소로 가서 거북이 남긴 발자국을 따라 둥지를 찾아요.
주로 모래로 덮인 얕은 구덩이에요.

둥지 위에 그늘막을 설치하고 있어요.
또 알끼리 간격을 떨어뜨려 놓을 거예요.
이렇게 하면 알이
좀 더 시원한 상태로 유지되지요.

생태학과 기후 변화

많은 생태학자는 생물 서식지와 그곳에 사는 생물들을 위협하는
가장 큰 요인으로 지구 온난화를 꼽아요.

서식지 사례 연구: 산호초

산호초는 산호들이 모여 이루어진 암초예요.
해양 서식지의 약 1%에 불과한 산호초에
전 세계 바다 생물의 약 25%가 서식해요.
바다거북, 가오리, 게, 오징어, 문어, 해면, 고래, 돌고래,
그리고 6,000종이 넘는 물고기가 산호초에 살지요.

산호는 암석처럼 단단한 물질을 만들어 내는
작은 동물들이 모여 살아요.
산호가 알록달록한 색을 띠는 이유는
그 안에 사는 조그만 **황록 공생 조류** 때문이에요.

산호초는 바다 생물들에게 안전한
집이 되어 주어요. 바다 생물들은
이곳에서 먹이를 찾고, 숨어 지내고,
새끼를 낳아 돌보지요.

산호와 조류는
서로 도우며 함께 살아요.
조류가 햇빛으로 광합성을 해
산호에 필요한 에너지를 전달해 주면,
산호는 조류에게 영양분을
나누어 주고 살 곳을 제공하지요.

지구의 기온이 올라가면 바다도 따뜻해져요.
그러면 산호초와 산호초에 살아가는 많은 생물들이 위험해져요.
산호는 온도 변화에 매우 민감하기 때문이에요.

위기에 처한 산호

바닷물의 온도가 1℃ 이상 오른 채 4주가 지나면 **산호 백화**가 일어날 수 있어요.
산호가 공생 조류를 내보내면서 색을 잃고 하얗게 변하는 현상이에요.

백화된 산호는 몇 년 동안은 살아남을 수 있어요.
바닷물 온도가 정상이 되어 조류가 돌아오면,
산호는 다시 건강해져요.
그렇지 않으면 산호는 죽고 말아요.

구조 작전

생태학자들은 산호초를 복원하고 보호하기 위해 여러 방법을 찾고 있어요.
생태학자들이 참여하고 있는 프로젝트를 알아보아요.

부러진 산호를 모아 단단한 구조물에 고정해요.

한번 고정되면, 산호는 손상된 조직을 회복하고 다시 자랄 수 있어요.

수온이 일정한 실험실에서 조그만 산호 소각을 키운 다음…

…적절한 시기가 되면 산호초에 다시 옮겨 심어요.

산호의 알과 정자를 모아요.

일 년에 약 한 번씩, 산호 군체는 대량의 알과 정자를 바다에 뿜어내요.

우리는 이를 모아 유전적으로 다양한 산호 종을 개발해요. 예를 들면, 좀 더 따뜻한 수온을 견디는 산호를 연구하지요.

알과 정자

포식자의 공격

개개의 생물의 수, 즉 **개체 수**를 세면 해당 지역이 생태학적으로 얼마나 건강한지 측정할 수 있어요. 동물의 개체 수는 질병, 서식지 감소, 가뭄 등에 영향을 받아요. 새로운 종류의 포식자가 나타났을 때도 개체 수가 달라져요.

위기종 구하기

오스트레일리아에는 사탕수수두꺼비의 개체 수를 조절할 만한 질병이나 천적이 없어요.
생태학자와 야생동물 전문가들은 사탕수수두꺼비의 위협에서 다른 동물을 보호할
새로운 방법을 연구하고 있어요.

다음은 민물악어를 보호하기 위한 해결책 중 하나예요.
악어들이 사탕수수두꺼비를 피할 수 있도록 훈련시키면, 독으로 죽는 일이 없을 거예요.

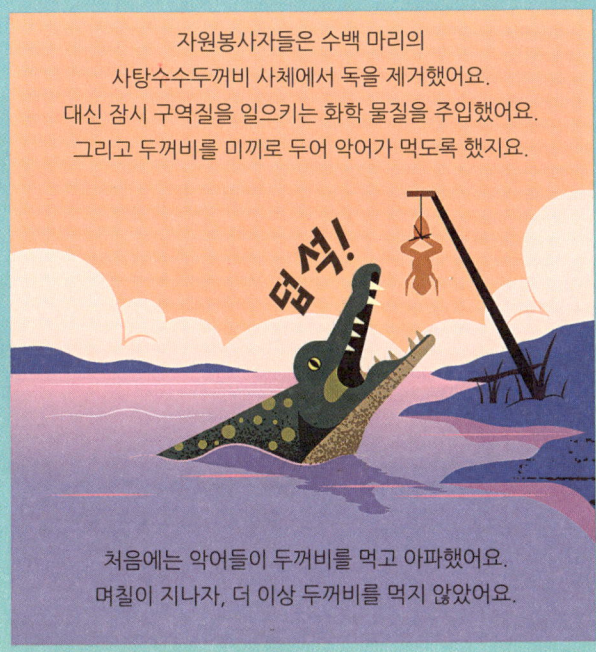

유전학을 사용한 다른 해결책도 있어요.

다람쥐 크기의 유대류인 주머니고양이도 사탕수수두꺼비를 먹고 죽어가고 있었어요.
그런데 어느 외딴 지역에 사는 주머니고양이 무리가 사탕수수두꺼비를 피하는 습성을 가지게 되었어요.
과학자들은 이 집단을 이용해 새로운 주머니고양이 개체군을 번식시키고 있어요.

생태 기술

소리 감지 센서나 DNA 검사 등 새로운 기술이 등장하면서
자연의 서식지와 그곳에 사는 동물들을 관찰하는 방식이 달라지고 있어요.

이탄 서식지

이탄은 죽은 생물이 분해되어 만들어진 흙으로, 엄청난 양의 탄소를
저장할 수 있어요. 지구 온난화를 줄이는 데 도움을 주지요.
많은 생물에게 좋은 일이에요.

이탄은 희귀한 동물과 식물의
서식지가 되어요.
또한 많은 양의 물을
흡수해서 홍수도 줄이지요.

과거에 사람들은 이탄을 캐서 연료로 사용하거나,
이탄 지역에서 물을 빼내 농경지로 만들었어요.
오늘날 환경 보호 활동가들은
이탄 지역에 다시 물을 채워
원래 모습으로 복원하고 있지요.

저전력 센서 장비로 이탄에서 공기 중으로
빠져나오는 이산화 탄소의 양을 측정해요.
이렇게 하면 우리가 진행 중인 프로젝트가
효과가 있는지 알 수 있지요.

생태학자들은 이탄 지대에서
물 샘플을 채취하여 DNA 검사를 해요.
이렇게 하면 유럽물밭쥐가
서식하고 있는지 알 수 있어요.

유럽물밭쥐의 배설 장소를 찾아냈어요.
발로 밟았는지 배설물 무더기가 납작해져 있군요.
유럽물밭쥐를 조사하기에 딱 좋은 곳이에요!

북극 탐사

바닷물 온도가 올라가면서, 북극의 빙하와 바다 얼음이 녹고 있어요. 생태학자는 얼음에 의지하며 살아가는 동물들이 기후 변화에 어떤 영향을 받고 있는지 조사하고 있어요.

일각돌고래

일각돌고래는 나선형으로 꼬인 기다란 엄니를 가지고 있어요. 일 년 중 절반 정도는 캐나다와 그린란드 사이의 얼음 아래에서 지내요.

바다 얼음은 일각돌고래가 살아가는 데 꼭 필요해요. 봄에는 얼음이 녹아 줄어드는데, 이 변화에 따라 일각돌고래는 어디에서 사냥을 하고 새끼를 낳을지 결정해요.

생태학자들은 첨단 마이크로폰을 사용해 일각돌고래의 소리를 녹음해요.

끼익 끽

드르륵

드륵

일각돌고래의 위치를 추적하면, 이동 경로와 생활 방식이 어떻게 바뀌고 있는지 알 수 있어요.

북극곰

북극의 얼음이 줄어들면서, 북극곰들은 점점 땅에서 더 많은 시간을 보내게 되고, 사람과도 더 가까워져요. 북극곰과 사람 모두에게 위험한 일이에요.

생태학자는 새로운 부착형 GPS 장치를 사용해 북극곰의 이동 경로를 알아내요.

이 장치는 두 달 뒤에 자동으로 떨어져요.

북극곰의 위치를 파악하는 일은 북극곰의 행동을 이해하고, 안전하게 보호하기 위해서 아주 중요해요.

생명으로 가득한 숲

열대 우림에는 3,000만 종이 넘는 동물, 식물, 균류, 미생물이 살고 있어요.
지구 전체 식물 종의 3분의 2가 이곳에 살지요.
생태학자들은 열대 우림을 보호하기 위해 애쓰고 있어요.

열을 식히는 나무

열대 우림은 엄청난 양의 수증기를 대기로 내보내요. 이 수증기로 구름이 만들어져 지구를 식히고 비를 내리게 하지요.

나뭇잎은 햇빛, 물, 이산화 탄소를 사용해 영양분을 만드는 **광합성**을 해요. 이 과정에서 탄소를 흡수해 지구 온난화를 줄여 주어요.

코뿔새

구름표범

여기 정말 마음에 들어!

보르네오 푸른지네

라플레시아는 폭이 최대 1.2m까지 자라요. 모습과 냄새가 마치 썩은 고기 같아요. 죽은 고기를 먹는 파리와 딱정벌레들을 유인하지요.

아틀라스대왕산누에나방 (세계에서 가장 큰 나방)

자이언트노린재

삼림 파괴

많은 숲에서 나무들이 빠르게 사라지고 있어요.
사람들이 농장, 광산, 건물, 도로를 만들기 때문이에요.
전 세계에서 발생하는 삼림 파괴는 대부분 열대 우림에서 일어나요.

열대 우림을 베면 오랑우탄, 보르네오코끼리, 수마트라코뿔소 등 멸종 위기에 놓인 수많은 동식물이 살 곳을 잃어요.

나무 그늘이 사라지면 땅이 뜨거운 햇빛에 그대로 노출되어요. 그러면 가뭄이나 산불이 발생할 가능성이 높아져요.

사람들은 나무를 베고 난 후 불도저와 굴착기로 작업을 해요. 불과 화학 물질을 사용해 남아 있는 식물을 모두 제거하고 농장이나 건물을 세울 공간을 만들지요.

생물 다양성이란 무엇이고, 왜 중요할까요?

생물 다양성이란 다양한 생물과 서식지가 존재함을 뜻해요. 생물 다양성은 깨끗한 공기와 맑은 물, 먹거리를 만드는 데 꼭 필요하며, 지구의 모든 생물이 살아가는 데 아주 중요한 역할을 해요.

녹색 사막

팜유는 기름야자 나무의 열매에서 얻으며, 다양한 식품과 제품을 만드는 데 사용해요.
하지만 드넓은 팜유 농장은 삼림을 파괴하는 주요 원인 중 하나예요.
팜유 농장은 다른 동식물이 살아남지 못하는 **녹색 사막**이기 때문이에요.
녹색 사막이 무엇인지, 생태계에 어떤 영향을 미치는지 알아보아요.

팜유 농장

1. 농부들은 기름야자의 수확량을 높이기 위해 비료와 살충제를 사용해요.

2. 살충제는 벌과 같은 꽃가루 매개자를 죽여요. 독성 물질이 강으로 흘러가 식물과 물고기의 생명까지 위협해요.

3. 땅의 식물, 균류, 근류, 야생 동물이 사라지면 흙이 쉽게 씻겨 나가고 흙 속의 영양분이 줄어들어 황폐해져요.

4. 그러면 더 많은 비료를 뿌려야 하고, 식물과 흙의 상태는 더욱더 나빠져요.

환경을 지키며 팜유를 생산할 방법이 있을까요?

그럼. 농부들이 해로운 화학 물질을 사용하지 않고, 기름야자 나무 사이에 낮게 자라는 식물을 함께 기르면 돼.

한 종류의 작물만 기르는 대규모 농장은 해충과 질병 피해를 입을 가능성이 커. 농부들이 기름야자와 함께 콩이나 카카오 같은 다른 작물을 재배하면 더 나을 거야.

생명 과학자와 생태학자는 해결책을 찾는 역할을 해요. 예를 들어, 나무를 다시 심어 삼림을 복구해요.
그리고 농부들이 삼림 파괴 없이 작물을 재배할 수 있도록 도와요.
또 환경을 생각하는 선택을 할 수 있도록 사람들을 교육하지요.

동물과 식물 보관소

생명 과학자들은 완전한 멸종을 막기 위해 새로운 방법을 시도하고 있어요.
바로 특별한 종류의 보관소를 만드는 거예요.
하지만 이 보관소는 한 종의 개체가 *완전히 사라지기 전*에 만들어야 해요.

냉동 동물원

생명 과학자들은 멸종 위기에 처한 수많은 동물에게서 피부, 정자, 난자와 같은 유전 물질을 수집해요. 그리고 세포를 영하 196℃의 액체 질소 탱크 안에 보관해요.
그러면 수백 년간 보관이 가능하고, 생물을 인공적으로 번식시킬 때 꺼내서 사용할 수 있어요.

죽은 북부흰코뿔소 12마리의 피부 세포를 여기에 보관하고 있어요. 북부흰코뿔소는 현재 지구에 단 두 마리뿐이에요.

피부 세포를 이용해 정자와 난자, 그리고 배아까지 생산하는 방법을 연구하고 있어요. 이 배아를 북부흰코뿔소의 가까운 친척인 남부흰코뿔소 암컷에게 이식하면, 북부흰코뿔소 새끼가 태어날 거예요.

우리는 북부흰코뿔소가 다시 야생으로 돌아가길 바라고 있어요. 컴퓨터 모델에 따르면, 10세대 후에는 개체 수가 충분히 늘어나, 멸종 위기에서 벗어날 수 있을 거예요.

코뿔소같이 밀렵이나 전쟁, 산림 파괴로 위험에 처한 동물들은 보호 구역으로 옮길 수 있어요. 하지만 이를 위해서는 여러 나라의 협력이 필요하고, 서식지를 복원하기 위한 많은 노력이 이루어져야 해요. 냉동 동물원은 생물 종을 보존하는 마지막 기회랍니다.

종자 은행

식물의 5분의 2가 멸종 위기에 처해 있어요.
생명 과학자들은 식물의 다양성을 지키고 미래에 식량을 얻을 수 있도록
수많은 곡물의 씨앗을 보관하는 은행을 만들고 있어요.

씨앗은 건조시킨 후 방수 주머니에 밀봉해요.

그런 다음, 밀폐 용기에 담아 차가운 온도에서 보관해요.

스발바르 국제 종자 저장고 입구

세계에서 가장 큰 종자 은행은 북극해에 위치한 노르웨이령의 외딴 섬, 스발바르 제도의 스피츠베르겐에 있어요. 이곳은 전 세계 6,000종 이상의 식물 씨앗을 저장하고 있어요. 또한 지진에 견딜 수 있도록 설계되었으며, 씨앗은 영하 18℃의 일정한 온도에서 보관되고 있어요.

과학자들은 달에 종자 은행과 동물의 세포 저장고를 건설하려고 생각하고 있어요. 이러한 프로젝트를 '노아의 방주'에 빗대어 '달의 방주'라고 불러요.

멋진데요! 이제 식물이 멸종할 걱정은 할 필요 없겠네요.

그렇지는 않아. 식물의 3분의 1 이상은 건조시키고 냉동 보관할 수가 없어. 예를 들어, 밤은 종자에 수분이 많아서 이런 방법을 사용하지 못해. 그래서 다른 보존 방법이 필요하단다.

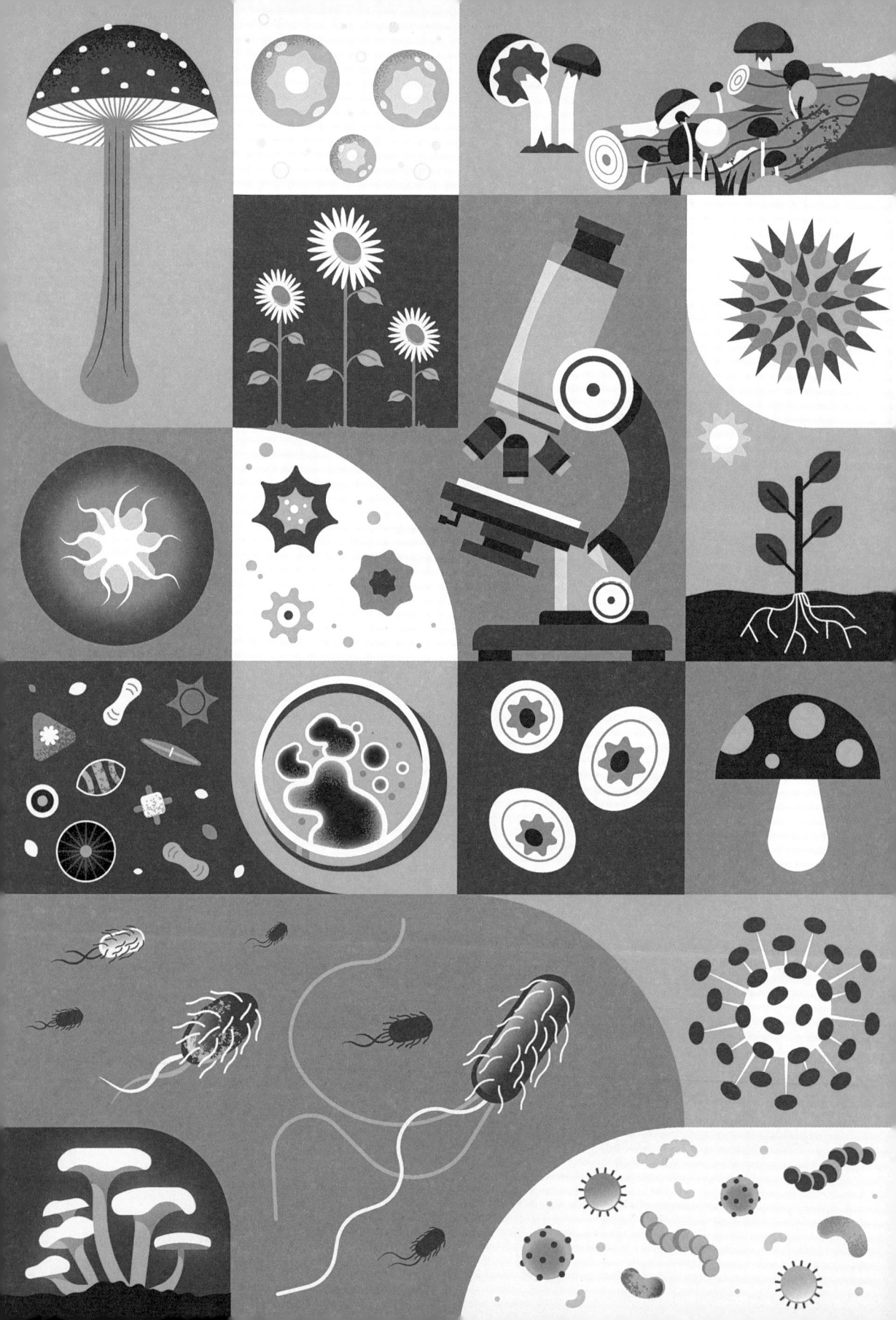

6장
미생물

세균과 균류 같은 미생물들은 어디에나 존재해요.
이들은 토양에 있는 영양분의 순환을 돕거나
나무들이 서로 정보를 주고받도록 하는 등
환경을 조성하고 유지하는 데 매우 중요한 역할을 해요.
지구에 생명이 사는 것은 모두 미생물 덕분이에요.

미생물이 어떤 일을 하는지 알면,
이를 다양하고 놀라운 방법으로 활용할 수 있어요.
예를 들어, 식품과 의약품을 생산하거나
더 친환경적인 연료를 개발할 수도 있지요.

자연 속 재활용

생물이 죽으면, 흙 속에 있는 세균과 균류가 이를 분해해 자연으로 되돌려요.
이들을 **분해자**라고 불러요.
분해자들은 지구 생태계의 순환에 매우 중요한 역할을 해요.

분해자가 없다면 어떻게 될까요?

과학자들은 1986년에 일어난 재난을 통해 분해자의 역할을 확인할 수 있었어요.
그해, 우크라이나 체르노빌에서 원자력 발전소 폭발 사고가 일어났어요.

콰아아아아앙!

폭발로 방사선이 방출되면서
주변 지역이 오염되었어요.
나무와 분해자를 비롯한
수많은 생물이 죽었어요.

주변 숲의 소나무들은 죽어가면서
바늘잎이 붉게 변하며 떨어졌어요.
이 지역은 '붉은 숲'으로 불리게 되었어요.

30년이 지난 후, 과학자들이 붉은 숲을 조사했어요.
새로운 나무들이 자라났지만,
흙에 남아 있는 방사선 수치가 여전히 높았어요.
분해자는 거의 없었지요.

보통 소나무의 바늘잎이 분해되는 데
1~3년이 걸려. 하지만 분해자가 없으니
바늘잎이 그대로 남아 있어!
새로 자란 나무의 잎도 계속 쌓이고 있어.

생명의 순환이 완전히
멈춰 버렸네요!

놀라운 균류

어떤 균류는 죽은 생물을 분해하는 대단한 일을 해요.
그에 못지않게 중요한 다른 일을 하는 균류도 있어요.

이 버섯들은 하는 일이 별로 없어 보이는데요.

버섯은 균류의 열매 같은 부분일 뿐이야.
땅속에서는 훨씬 많은 일이 일어나고 있어.

균류는 땅속에서 가느다란 뿌리처럼 생긴 실이 얽힌 구조를 이루는데, 이를 **균사체**라고 해요.

어떤 균류의 균사체는 나무뿌리와 연결되어 영양분을 전달해 줘요. 이를 **균근망**이라고 해요.

그 대가로 나무는 광합성으로 만든 포도당을 균류에 나누어 주어요.

또 균류는 나무들 사이에 화학 신호를 전달하기도 해요. 이를 통해 식물은 서로 위험이나 질병을 알릴 수 있어요.

지구에 사는 나무의 약 90%가 균근망에 의존해 살아가고 있어요.

모든 종류의 균류가 식물에게 이로운 것은 아니에요. 어떤 균류는 **기생물**이에요.
식물의 영양분을 빼앗아서 식물이 약해지고 죽기까지 해요.

여기 뽕나무버섯은 무해해 보이지만 나무뿌리를 썩게 만들어요. 이 기생 균류들은 모두 연결되어 *하나의* 거대한 망을 이루고 있어요.

미국 오리건주에 사는 뽕나무버섯은 무려 축구장 1,800개에 이르는 넓은 지역을 덮고 있어요.

이들은 '거대 균류'라는 별명으로 불려요. 땅속에서 하나의 균사체로 연결되어 있어, 지구에서 *가장* 큰 단일 생명체로 여겨지지요. 지금까지도 자라고 있어요!

어떤 균류는 아주 특별한 성질을 가지고 있어요.
과학자들은 이 균류가 인간이 만든 오염 문제를 해결할 수 있을 거라 생각해요.

이 곰팡이는 특정한 종류의 플라스틱을 분해해요. 몇몇 세균도 같은 일을 할 수 있어요.

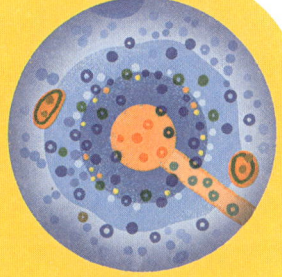

튜빙겐 누룩곰팡이

이 버섯의 균사체는 버섯 가죽과 같은 친환경 원단을 만드는 데 사용할 수 있어요.

열대 칸디다

이 효소는 기름 유출로 생겨난 독성 물질을 분해하고 소화할 수 있어요.

영지

우아! 미생물을 이용해 플라스틱 오염을 줄이고 바다에 유출된 기름도 정화할 수 있는 건가요?

아직까지는 아주 적은 양의 플라스틱이나 기름에만 효과가 있어. 훨씬 큰 규모의 오염에 적용할 방법을 찾는 것이 *진짜* 과제야.

유용한 미생물

세균과 균류를 이용하면 유제품과 빵, 주류, 의약품, 연료에 이르기까지 놀랍도록 다양한 것을 만들 수 있어요. **발효**라는 과정을 알아보아요.

참 쉬운 요구르트 만들기

1단계
우유에 '락토바실러스'와 같은 세균을 넣어요.
이를 '유산균 종균'이라고 해요.

2단계
혼합물을 발효 탱크에 보관해요.
세균이 우유를 분해해
젖산을 만들어 낼 거예요.

3단계
8시간 후, 젖산이 우유를 걸쭉하게 만들어 요구르트로 변하게 해요.

유산균 종균은 주로 세균이 풍부하게 들어 있는 오래된 우유나 요구르트에서 추출해요. 사람들은 수천 년 전부터 이러한 방법을 이용했어요.

앗!

최근에 과학자들은 발효 기술을 활용해 **마이코프로틴**과 같은 새로운 종류의 식품을 개발하고 있어요.

이건 마이코프로틴 버거예요. 마이코프로틴은 발효균으로 만든 대체육(인공 고기)이에요. 고기를 생산할 때보다 에너지와 농지가 적게 들어요.

사람들이 수 세기 동안 먹은 발효 음식이에요.

미생물은 다양한 항생제, 약, 백신을 만드는 데 사용되어요.
이런 의약품을 대량으로 생산하기 위해서는 발효 과정이 꼭 필요해요.

페니실린
흉부 감염 치료
테트라사이클린
피부 질환 개선
인슐린
당뇨병 치료 호르몬
독소루비신
항암치료제
B형 간염 백신
간 감염 예방

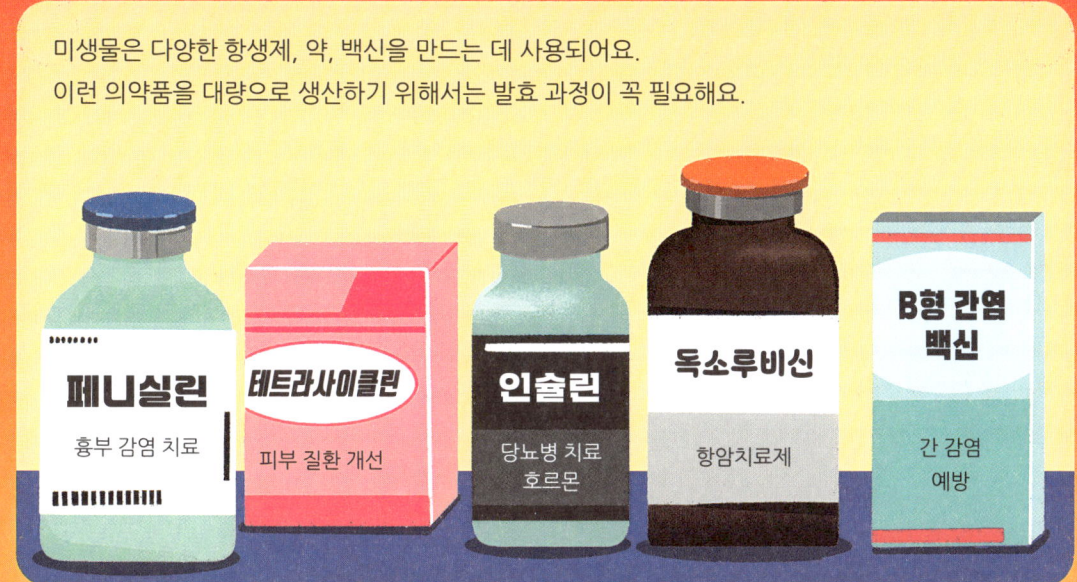

대장균과 같은 특정 종류의 세균은 친환경 연료를 만드는 데 활용해요.
대두 등 농작물을 발효해서 생기는 메탄가스로 **바이오 연료**를 만들지요.
차량을 움직이거나 전기를 생산할 때 바이오 연료를 사용할 수 있어요.

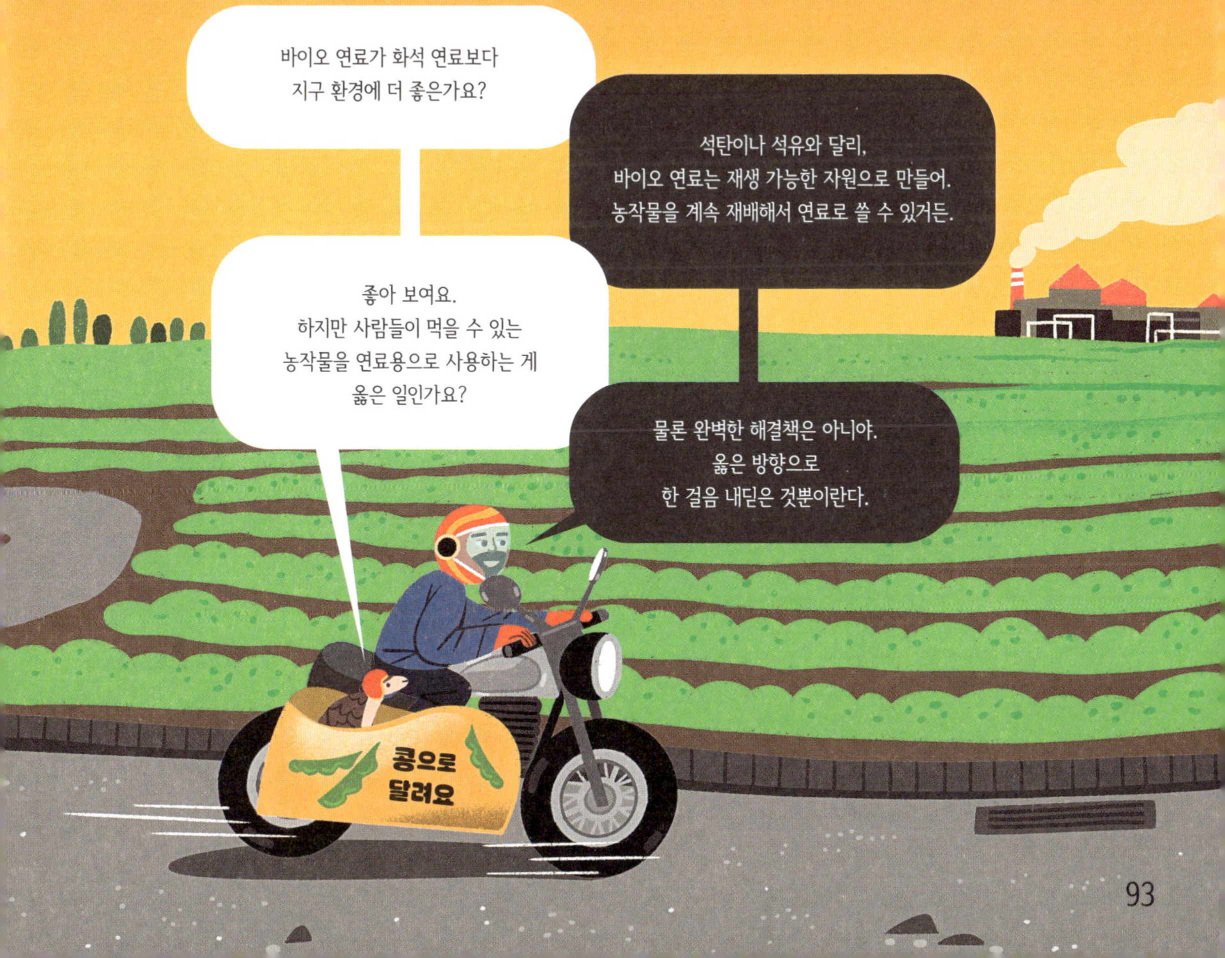
바이오 연료가 화석 연료보다 지구 환경에 더 좋은가요?
석탄이나 석유와 달리, 바이오 연료는 재생 가능한 자원으로 만들어. 농작물을 계속 재배해서 연료로 쓸 수 있거든.
좋아 보여요. 하지만 사람들이 먹을 수 있는 농작물을 연료용으로 사용하는 게 옳은 일인가요?
물론 완벽한 해결책은 아니야. 옳은 방향으로 한 걸음 내딛은 것뿐이란다.
콩으로 달려요

7장
질병

생명 과학자들은 질병에 많은 관심을 가져요.
질병은 *어디에서* 오는지, *어떻게* 치료하는지,
그리고 미래에는 어떻게 변할지 연구하지요.

질병은 복잡하며 다양한 방식으로
사람들에게 영향을 미쳐요.
그중 어떤 것들은 **감염성**을 띠어요.
세균이나 바이러스가 세포를 공격하며 퍼지는 거예요.
이들은 계속 진화하면서 약물에 저항해요.

어떤 질병은 **비감염성**이에요.
암이나 심장병과 같은 치명적인 질병이 포함되어요.
이러한 질병들은 유전자로 전해지는 가족력일 수 있어요.
또는 환경이 위생적이시 않거나,
사고로 큰 부상을 입거나,
식습관이 건강하지 못할 때 생기기도 하지요.

전염병

말라리아, 독감과 같은 몇몇 전염병은 수천 년 동안 인간과 함께 있어 왔어요.
이러한 질병은 **병원체** 때문에 생겨요.
병원체는 대부분 살아있는 미생물이지만, 아닌 것도 있어요.

우리는 생물로 분류되지 않아요. 왜냐하면 생물의 조건을 충족하지 않거든요. 생물의 일곱 가지 조건은 8쪽을 보세요.

우리 중 몇몇은 세포 안으로 침입해서 증식한 다음, 다른 세포를 감염시키며 퍼져 나가요.

사례 연구: 리스테리아 감염증

이 질병은 '리스테리아'라는 세균에 의해 발생하며, 오염된 음식을 통해 감염되어요.
증상으로는 발열, 오한, 복통 등이 있어요. 대개는 자연적으로 회복되지만, 드물게 세균이 피를 따라 뇌세포와 조직을 감염시키면 '뇌수막염'이라는 심각한 질병을 일으킬 수 있어요.

리스테리아균이 장 내벽 세포에 달라붙어요.

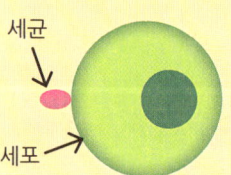

세균이 세포 바깥층을 속여 자신을 감싸 안게 만들어요.

세균이 세포 안으로 들어가요.

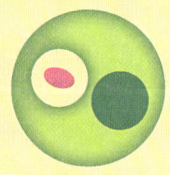

세균이 세포 안에서 분열하고 증식해요.

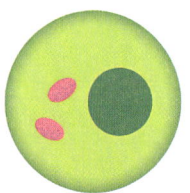

세균에 꼬리가 생겨서 다른 세포로 침입해 들어가요.

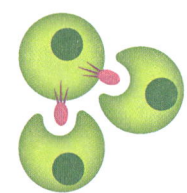

우리 몸은 감염을 막기 위해 반응해요. 열이나 다른 증상들이 나타나요.

바이러스

바이러스는 세균보다 훨씬 작고, 모양도 다양하고 독특해요.
공통적으로는 유전 물질이 단백질 껍질에 둘러싸인 구조를 가지지요.
바이러스가 자라고 번식하려면 살아있는 *세포* 안으로 들어가야 해요.

코로나바이러스와 같은
구형 바이러스는 표면이 뾰족뾰족해요.
세포에 잘 달라붙어 들어갈 수 있어요.

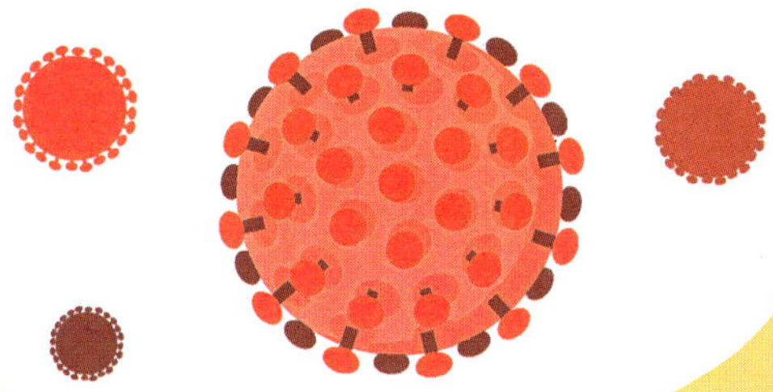

박테리오파지는
세균을 공격하고 파괴하는
바이러스예요.
다리처럼 생긴 부분으로
세포에 달라붙어요.

한번 감염된 세포는 바이러스를 만드는
공장이 되어 버려요. 이렇게 증식한 바이러스는
또 다른 세포를 감염시켜요.

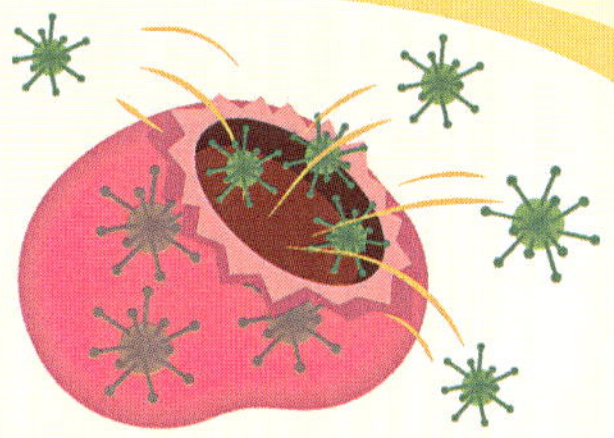

맞서 싸우기

우리 몸의 면역계는 병원체를 쫓아내는 역할을 해요. **백혈구**가 대표적이지요.
어떤 백혈구는 병원체를 잡아먹거나 감싸서 없애고, 어떤 백혈구는 **항체**라는 특별한 단백질을 만들어요.
항체는 병원체에 달라붙어 파괴하거나 병원체가 서로 엉기게 만들어요.

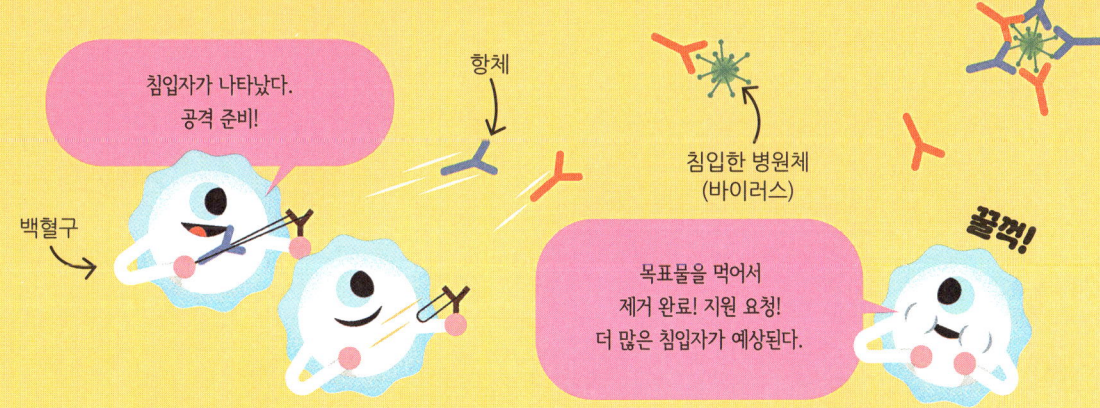

침입자가 나타났다.
공격 준비!

항체

침입한 병원체
(바이러스)

백혈구

목표물을 먹어서
제거 완료! 지원 요청!
더 많은 침입자가 예상된다.

꿀꺽!

면역력이 강한 사람은 질병에 잘 걸리지 않아요.
그래서 같은 병원체에 노출되어도 어떤 사람은 아프고, 어떤 사람은 그렇지 않아요.

백신이란 무엇일까요?

백신은 특정 질병에 대한 면역을 키워 주는 의약품이에요.
오래전부터 사람들은 어떤 질병에 걸렸다가 낫고 나면
같은 질병에 다시 걸리지 않는다는 사실을 알아냈어요.
이때 '면역이 생겼다'고 하지요. 백신이 작용하는 방식을 알아보아요.

대부분의 백신은 약하거나 죽은 병원체로 만들어요.

이 주사에는 코로나19 백신이 들어 있어요. 며칠이 지나면 몸의 면역계가 코로나를 막는 항체를 만들어 낼 거예요.

약간 열이 날 수 있지만, 심한 증상은 나타나지 않을 거예요. 이제 코로나 때문에 크게 아플 일은 없어요!

어떤 백신은 한번 맞으면 효과가 평생 지속되어요. 소아마비나 수두 백신이 그렇지요.
하지만 파상풍과 같은 몇몇 질병은 10년이 지나면 백신의 효과가 약해져요.
그래서 주기적으로 백신을 다시 맞아야 해요.

왜 어떤 백신은 시간이 지나면 효과가 사라지나요?

병원체는 마치 식물이나 동물처럼 *진화해*.
어떤 병원체는 진화 속도가 다른 것보다 빨라.
백신도 앞서가려면 진화해야 하지.

감기를 예방하는 백신도 있나요?

아쉽지만 없어. 사실, '감기'는 200가지가 넘는 바이러스가 일으키는 다양한 증상을 묶어 이르는 말이거든. 그래서 한 종류의 감기 바이러스를 막는 백신이 다른 감기 바이러스에는 효과가 없는 거야!

백신을 만드는 방법

새로운 백신을 개발하는 데는 오랜 시간과 많은 비용이 들어요.
백신이 정말로 효과가 있고 안전한지 확인하려면 수많은 연구와
철저한 실험이 필요하기 때문이에요. 그 과정을 함께 살펴보아요.

연구와 발견

병원체를 연구하며 어떤 종류의 백신이 가장 효과적인지 알아내요.

입증하기

백신은 수많은 실험을 거쳐요. 처음에는 작은 동물에게, 그다음 큰 동물에게 실험하지요. 효과가 있다면 마지막으로 사람에게도 실험해요.

백신 제조

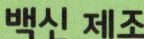

백신은 한 번에 많이 만드는데, 이렇게 한 번에 같은 방법으로 만든 한 묶음을 **로트**라고 불러요. 만들어진 백신이 안전한지 확인하기 위해 계속 검사를 해요.

백신 테스트

소규모 집단으로 시작해서, 점차 큰 집단의 사람들에게 시험해요. 부작용이나 백신 효과의 지속 시간 등 여러 정보를 모아요. 이러한 과정을 **임상 시험**이라고 해요.

승인

임상 시험과 백신 제조 과정, 안정성 평가에서 얻은 데이터가 정부에서 신중하게 검토돼요. 그리고 마침내 백신 사용이 승인돼요.

공중 보건 캠페인

정부 관계자와 의사는 사람들에게 백신을 알리고, 접종할 수 있도록 권해요.

지속적인 관찰

백신을 맞는 사람이 많아질수록 질병 확산을 막기 쉬워져요. 또한 의사들은 백신이 얼마나 효과가 있는지 확인할 수 있어요. 만약 문제가 발생하면 백신 접종은 중단될 거예요.

백신 접종 대기줄

질병은 어떻게 퍼질까요?

생명 과학자와 미생물학자는 질병이 어디에서 오고, 어떻게, 왜 확산되는지 알아내려고 노력해요. 한 이론에 따르면 질병은 약 1만 년 전부터 퍼지기 시작했어요. 사람들이 농사를 짓기 시작하고 다양한 동물들과 가까이 살게 된 시기였지요.

병원체는 동물에서 사람으로 전파될 수 있으며, 때로는 *아주 빠른* 속도로 퍼져요. '황열'을 예로 들어 볼게요.

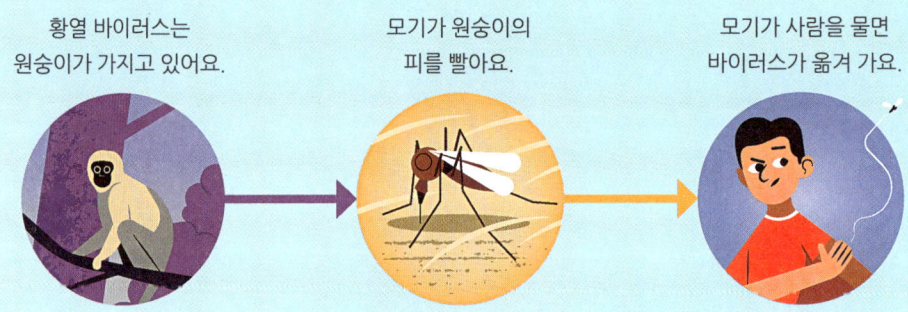

따뜻하고 습한 날씨는 곤충이 번식하고 질병이 퍼져 나가기 좋은 환경이에요.

진드기가 퍼트리는 '라임병', 모기가 퍼트리는 '말라리아'와 '뎅기열'이 기후 변화로 인해 따뜻해진 지역으로 확산되고 있어요.

해외여행을 할 때는 더욱 전염병을 조심해야 해요. 새로운 바이러스가 지구의 한쪽 지역에서 다른 지역으로 훨씬 쉽게 퍼질 수 있지요.

병의 확산 막기

의약품과 의료 수준이 높아지면서 지난 50년간 질병으로 인한 사망자 수가 줄어들었어요.
하지만 새로운 치료법이 등장하면 질병도 새로운 방식으로 진화하거나 확산되기도 해요.

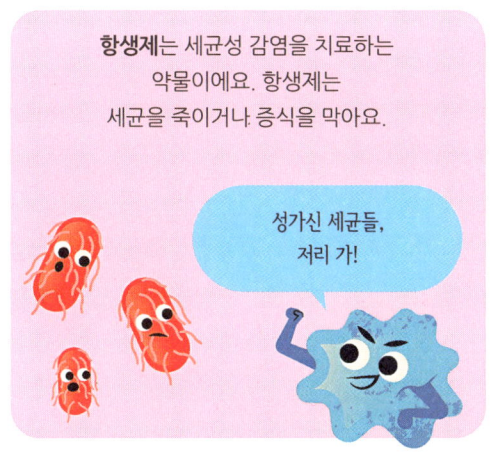

때로는 수혈이나 장기이식 같은 몇몇 치료 방법이 감염의 또 다른 경로가 될 수 있어요.

몇몇 외과 의사가 심각한 심장 질환을 앓는 환자를 살리기 위해 돼지 심장을 이식했어.
그런데 그중 한 환자에게 돼지 바이러스가 전염되었고, 의사들은 이를 치료할 수 없었지.

질병을 영원히 막을 수 없는 걸까요?
새로운 질병은 계속 나타날까요?

완전히 뿌리 뽑을 수 있는 질병은 아주 적어.
우리는 나머지 질병을 견디며
살아가는 방법을 배워야 해.

그러면 질병을 예방하고 치료하기 위해
더 많은 약을 만들어야 한다는 거가요?

그래. 하지만 많은 미생물학자가
질병을 이겨 내는 가장 효과적인 방법은
우리 몸의 면역계를 튼튼하게 만드는 거라고 말해.
그래서 이 분야에서 수많은 연구가
활발히 이루어지고 있단다.

에피데믹에서 팬데믹으로

질병은 계속해서 발생하며, 널리 확산되기 전에 빨리 막는 것이 중요해요.
질병의 확산과 통제 방법을 연구하는 사람을 **전염병학자**라고 해요.

에피데믹과 팬데믹의 차이점이 뭐예요?

에피데믹은 특정 지역에서 질병이 빠르게 확산되는 걸 말해. 팬데믹은 여러 나라, 또는 전 세계로 질병이 확산되는 걸 말하지.

2019년 코로나바이러스 팬데믹으로 2,700만 명의 사람들이 사망했어요. 앞으로 또 다른 팬데믹이 발생할까요?

대부분의 전문가가 언젠가 팬데믹이 다시 발생할 거라고 생각해. 정확한 시기는 알 수 없지만 그게 수십 년 뒤일 수도 있지.

여러 원인으로 새로운 병원체가 나타나 퍼지거나, 알고 있는 병원체가 재확산될 수도 있어.

팬데믹을 예방할 수 있을까요?

정부는 백신 재고를 유지하고 초기 질병의 발생을 막을 계획을 세울 수 있어. 또한 새로운 병원체를 막을 수 있는 백신도 개발하려고 하지.

전염병학자는 지도를 사용해 질병 발생 경로를 추적해. 그러면 전염 가능성이 높은 지역에 사는 사람들에게 미리 경고해 줄 수 있어.

역사 속 사례: 1918년 독감 팬데믹

'스페인 독감'으로 알려진 1918년 독감은, 1918년부터 1920년에 걸쳐 전 세계로 퍼졌던 치명적인 바이러스예요. 이 질병은 대부분 심각한 폐렴으로 발전해, 환자들이 숨쉬기 어려운 지경에 이르렀어요.

1918년 4월, 미국과 독일, 영국, 프랑스에서 독감이 발생했어요.

이 질병은 제1차 세계 대전(1914~1918)을 치르고 있던 젊은 병사들 사이에 빠르게 퍼져나갔어요.

1918년 10월, 질병이 유럽 전역에 퍼졌고, 아프리카와 남아메리카까지 확산되었어요. 사망자는 2,500만 명에 달했지요.

이 팬데믹은 1920년 종료되었어요. 5억 명이나 되는 사람들이 감염되었고, 5,000만~1억 명의 사람들이 목숨을 잃었어요. 이는 제1차 세계 대전으로 죽은 사망자 수의 3배에 달해요.

생명 과학자는 오늘날에도 과거의 질병을 조사하고, 왜 그렇게 치사율이 높았는지 알아내려 해요. 1990년 과학자들은 미국 알래스카 얼음 속에 묻혀 있던 시신에 보존된 1918년 독감 바이러스 샘플을 추출했어요. 2005년, 이 바이러스의 전체 유전자 서열이 밝혀졌지요.

우리는 1918년 독감을 일으킨 정확한 유전자와 돌연변이를 조사하고 있어요. 이를 통해 앞으로 나타날지 모르는 변종 독감을 예측하고 적절한 치료제를 개발해 다른 팬데믹을 막을 수 있을 거예요.

음, 하지만 그렇게 위험한 바이러스를 연구하는 것이 안전할까요? 실수나 고의로 1918년 독감 바이러스가 유출된다면 또 다른 팬데믹이 일어날지 몰라요.

103

비감염성 질병

비감염성 질병은 다른 사람에게 옮기지 않기 때문에 덜 무섭게 느껴질지도 몰라요.
하지만 전 세계 사망 원인의 대부분이 비감염성 질병이며,
매년 약 4천만 명이 목숨을 잃어요.

감염성 질병과 비감염성 질병은 어떤 차이가 있어요?

> 비감염성 질병은 병원체가 아니라, 유전적 요인이나 흡연 같은 생활 습관 때문에 발생하지. 천천히 진행되고 오랫동안 지속될 수 있어.

가장 위험한 비감염성 질병에는 뭐가 있어요?

> 가장 많은 사망 원인으로 심장병, 암, 당뇨병, 만성 폐질환 등이 있어. 하지만 이러한 질병을 가지고도 오래 사는 사람들이 많아.

이 질병을 예방할 수 있어요?

> 위험 인자를 피한다면 몇몇 질병은 피할 수 있지. 위험 인자란, 질병에 걸릴 확률을 높이는 원인을 말해.

그럼 위험 인자에는 뭐가 있어요?

> 운동 부족, 기름진 음식, 오염된 공기 등이 있어. 우리가 이 모든 걸 통제할 순 없지만, 어느 정도는 조절할 수 있지.

다음과 같은 위험 인자는…

건강하지 않은 식습관	스트레스	부상	오염된 환경
운동 부족	과도한 음주	과도한 당 섭취	과도한 염분 섭취
비만	흡연	방사선 노출	유전적 질환

…다음과 같은 질병을 일으킬 수 있어요.

- 암
- 당뇨병
- 폐 질환
- 심장병과 뇌졸중
- 천식

과학자들은 새로운 치료법을 연구하기 위해 질병의 진단법과 전파 경로, 원인을 분석하고 조사해요.
치료 방법은 세포를 파괴하는 약물부터 장기를 제거하는 수술까지 다양해요.

심장병

심장병은 40세 이상 성인의 가장 큰 사망 원인이에요.
동맥에 지방이 쌓이는 **동맥 경화**와 같은 질환이 원인이 될 수 있어요.

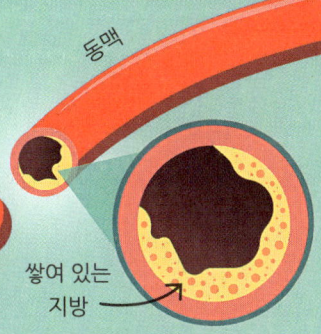

동맥

쌓여 있는 지방

동맥이 막히면 우리 몸의 혈액이 산소를 운반하기 힘들어져요. 이 때문에 심장 마비나 뇌졸중이 발생할 수 있어요.

과학자들은 여러 심장 세포와 분자를 연구하여 이들의 상호 작용을 밝혀내요.
지금까지 심장을 손상시키는 몇 가지 분자를 발견했고, 이를 막기 위한 약을 개발하고 있어요.

암

암은 세포가 비정상적으로 자라는 질병이에요.

암세포를 제거하지 않으면 계속 자라나 몸의 다른 부위까지 퍼져나가고 건강이 매우 나빠져요. 다행히 치료 방법도 있어요.

과학자들은 암 백신을 비롯한 새로운 형태의 약을 연구하고 있어요.
또한 개별 환자에게서 암을 유발하는 유전자, 분자, DNA 변화를 분석하고 있어요.
이를 통해 환자 맞춤형 치료법을 설계할 수 있지요.

헌팅턴병

유전자 이상이나 돌연변이로 발생하며, 부모에게서 유전되어요. 뇌세포가 점차 손상돼 결국 죽게 되지요.
현재까지는 치료가 힘든 불치병이지만 1993년, 과학자들이 이 질병을 일으키는 유전자를 발견했어요.

정상적인 뇌 부위

헌팅턴병 환자의 뇌

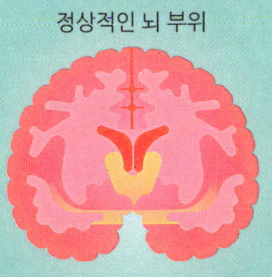
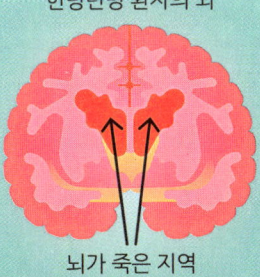

뇌가 죽은 지역

유전공학자들은 질병의 진행을 늦추기 위해 세포에 유전 물질을 삽입하는 새로운 기술을 개발하고 있어요.

8장
중요한 문제

생명에 관한 수많은 궁금증들이
아직 풀리지 않고 남아 있어요.
우주에 생명이 존재할 가능성이 있을까요?
인간은 영원히 살 수 있을까요?
아마도 확실한 답을 찾지 못할지도 몰라요.

복제란 무엇이며, 이 기술을 어떻게 활용할 수 있을까요?
환경이 우리의 유전자를 변화시킬까요?
동물들이 가진 놀라운 능력은 무엇일까요?
인간이 그것을 모방할 수 있을까요?

오늘날 생명 과학자들이 연구하고 있는
흥미로운 주제 몇 가지를 알아보아요.

우주의 생명체

다른 행성에도 생물이 살고 있을까요?
우주 생물학자들은 우주에서 생물이 살기 적합한 환경을 갖춘 장소를 찾고 있어요.
화성은 이러한 조건을 만족하는 행성일지도 몰라요.

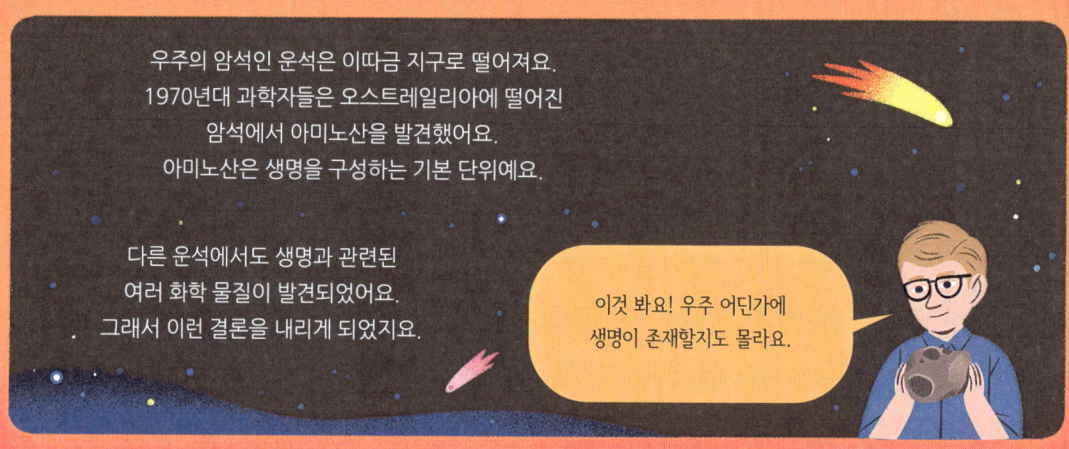

우주의 암석인 운석은 이따금 지구로 떨어져요. 1970년대 과학자들은 오스트레일리아에 떨어진 암석에서 아미노산을 발견했어요. 아미노산은 생명을 구성하는 기본 단위예요.

다른 운석에서도 생명과 관련된 여러 화학 물질이 발견되었어요. 그래서 이런 결론을 내리게 되었지요.

이것 봐요! 우주 어딘가에 생명이 존재할지도 몰라요.

우주에서 생명체를 찾기 위해서는, 생명 유지에 꼭 필요한 물과 식량부터 찾기 시작해요.
화성에서 온 암석을 분석한 결과, 한때 화성에는 강과 호수, 바다가 있었다는 사실이 밝혀졌어요.
과학자들은 화성을 더 자세히 조사하기 시작했어요.

2021년, 미국항공우주국(NASA)는 화성에 탐사 로봇 '퍼서비어런스'를 착륙시켰어요.

퍼서비어런스는 화성에서 물의 흔적을 찾고 흙과 암석 샘플을 모아 지구로 가져오는 임무를 맡았어요.

또한 퍼서비어런스는 고세균처럼 극한 환경에서도 살아남을 수 있는
극한 미생물의 흔적을 찾고 있어요.

강인한 곰벌레

완보동물은 물곰, 곰벌레라고도 불리며, 지구에서 가장 강한 극한 미생물 중 하나예요.
보통 온화한 환경에서 살지만, 극한 환경도 견딜 수 있어요.

*곰팡이와 조류가 공생하는 생물체

곰벌레 정보

평균 크기: 0.5mm

사는 곳
해안가의 이끼나 지의류*

여기서도 살아요
· 심해의 열수분출공
· 황량한 산꼭대기
· 남극의 얼어붙은 평원

생존 기술
· 먹이, 물, 산소 없이 30년간 생존 가능
· 강한 방사선을 견딤

곰벌레가 우주에서도 살아남을 수 있을까요?

가능해! 실제로 한 우주비행사 팀이 곰벌레를 한 달간 우주로 보냈어. 대부분 무사히 지구로 돌아왔고, 정상적으로 번식까지 했지.

정말 놀라워요! 어떻게 그럴 수 있지요?

곰벌레의 유전자 덕분이야. 일부 유전자는 방사선에 활성화되어 몸을 보호하는 역할을 하지. 또 방사선을 감지한 세포가 동면 상태를 유도해서 곰벌레가 살아남을 수 있도록 도와.

굉장하네요!

이게 다가 아니야. 우린 곰벌레의 DNA를 인간 세포에 넣어 보았어. 그리고 방사선에 노출시키자, 보통의 인간 세포보다 더 잘 살아남았어.

대단해요!

그렇지! 극한 미생물을 연구하면 다른 행성이나 위성에서 생명체를 찾을 때 어떤 화학 물질을 살펴봐야 하는지 알 수 있어.

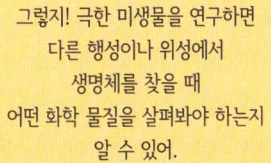

영원히 살 수 있을까요?

어떤 생물은 인간보다 훨씬 오래 살아요.
생명 과학자들은 우리 수명을 늘리거나 거꾸로 젊어지게 만드는 방법을 찾고 있어요.
그러면 영원히 사는 것도 가능할까요?

어떤 생물은 왜 다른 생물보다 더 오래 살아요?

생물의 최대 수명은 유전자에 의해 결정된다고 해. 인간은 보통 환경과 생활 방식에 따라 70~100년 정도 살지만, 네가 올라탄 거북은 지금 150살이고 더 오래 살 수 있어.

심지어 죽지 않는 생물도 있어요.
불멸 해파리의 놀라운 생애 주기를 한번 살펴봐요.

불멸 해파리는 아주 작은 유생으로 시작해요.

유생은 폴립(성체가 되기 전, 바위 등에 붙어서 자라는 단계)으로 자라요.

폴립이 여러 마리 성체 해파리를 만들어요.

해파리가 오래 살거나 다치면 다시 폴립으로 되돌아가요.
이 과정이 계속 반복되어요.
어쩌면 영원히 반복될지도 몰라요.

불멸 해파리도 다른 생물에게 잡아먹히거나 질병에 걸려 죽을 수 있어요.
하지만 이론적으로 나이가 들어서 죽지는 않아요. 이를 **생물학적 불멸**이라고 불러요.

사람과 많은 생물이 나이 드는 이유는 세포 때문이에요.
나이를 먹을수록 세포가 점점 더 많은 손상을 입고 **노화 세포**가 되어요.
즉, 죽지는 않았지만, 스스로 회복할 수 없는 상태가 되지요.
그래서 **좀비 세포**라고 불리기도 해요.

우리 몸에 좀비 세포가 쌓이면 장기가 손상될 수 있어요. 생명 과학자들은 좀비 세포를 없앨 방법을 연구하고 있어요.

그중 한 가지 방법은 우리 몸이 좀비 세포를 깨끗이 없애도록 돕는 약을 개발하는 거예요.

찌릿!

또 다른 방법은 유전자를 조작해 좀비 세포를 젊고 건강한 상태로 되돌리는 거예요.

그러니까 좀비 세포를 없애면 영원히 살 수 있다는 말인가요?

그렇지는 않을 거야. 다만 우리 수명이 몇 년에서 몇 십년은 더 늘어날 수도 있겠지.

음, 영원히 사는 것이 꼭 좋은 생각이 아닐지도 모르겠네요.

나도 그렇게 생각해. 사실 많은 생명 과학자들은 **건강 수명**, 즉 건강한 상태로 사는 기간을 늘리는 데 더 관심이 많아. 좀비 세포를 없애는 것도 그러기 위해서지.

무엇이 지금의 우리를 만들까요?

우리의 유전자는 외모뿐만 아니라 성격에도 아주 많은 영향을 미쳐요.
그런데 얼마나 큰 영향을 줄까요? 성격은 유전자와 환경 중 어느 쪽을 더 따를까요?
사람들이 오랫동안 논쟁해 온 주제랍니다.

우리의 성격을 결정하는 것들

유전자 / 돈 / 학교 / 지역 사회와 문화 / 건강 / 소셜 미디어 / 영양 섭취 / TV / 어린 시절의 경험 / 가족과 보호자 / 책 / 선생님

유전자의 영향은 아주 작아 보이는데요?

그런데 사실은 유전자가 가장 큰 요인일 수 있어.
감정에도 영향을 미치거든. 어떤 연구에 따르면,
우리가 느끼는 행복의 50% 정도가 유전자 때문이라고 해.

그런 걸 어떻게 알아낸 거지요?

수천 명의 일란성 쌍둥이를 대상으로 심층 설문을 해 보았지.
이들은 동일한 DNA를 가지고 있지만 살아온 경험은 각기 달랐어.
이를 비교해서 유전자가 행복에 얼마나 관여하는지 계산할 수 있었어.

유전자가 성격 특성, 즉 문제 해결 능력이나 스트레스 상황에서 반응하는 방식 등을 결정한다는
연구 결과가 많아요. 하지만 최근 연구에 따르면 경험이 유전자를 변화시킬 수도 있다고 해요.

경험이 우리를 변화시킬까요?

일상생활에서 스트레스를 받을 때가 있어요.
누군가와 처음 만났을 때나 이사를 할 때 불편한 감정을 느끼는 건 자연스러운 일이에요.
그런데 극심한 스트레스는 유전자의 기능에 영향을 주기도 해요.
후성 유전학은 이러한 현상을 연구하는 새로운 학문이에요.

후성 유전학자들이 극심한 스트레스,
즉 **트라우마**가 유전자에 어떤 영향을 미치는지 연구한 내용이에요.

1944~1945년 겨울, 제2차 세계 대전 중에 네덜란드 일부 지역은 극심한 기근을 겪었어요.

이 지역의 많은 여성들이 영양이 부족한 상태로 아기를 낳았어요. 이후 기근은 해결되었지만…

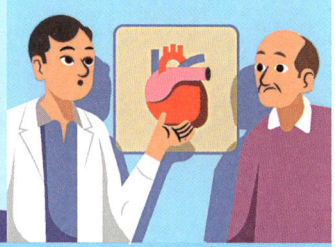
…기근 중에 태어난 아기들이 성인이 되어 심장병, 우울증 등 건강 문제를 다른 세대보다 더 많이 겪는 것을 알게 됐어요.

후성 유전학자들은 이들의 DNA를 분석했어요.

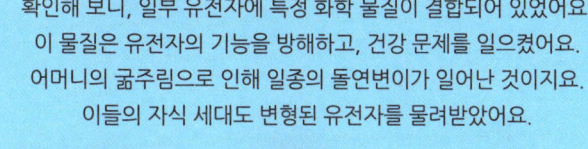
확인해 보니, 일부 유전자에 특정 화학 물질이 결합되어 있었어요.
이 물질은 유전자의 기능을 방해하고, 건강 문제를 일으켰어요.
어머니의 굶주림으로 인해 일종의 돌연변이가 일어난 것이지요.
이들의 자식 세대도 변형된 유전자를 물려받았어요.

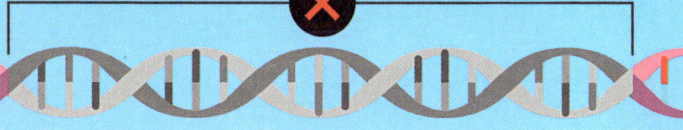

그럼 스트레스가 아직 태어나지도 않은 아이의 건강에 평생 영향을 미친다는 말이에요?

음, 이론적으로는 그래.
그리고 이러한 유전적 변화는 자손에게 전달될 수 있어.
임신한 여성의 신체적, 정신적인 건강이 자녀뿐만 아니라 미래의 자손들에게도 영향을 미칠 수 있지.

이러한 연구는 유전자와 환경 모두 우리의 삶의 모습을 결정한다는 것을 보여 줘요.
하지만 그중 어느 쪽이 더 큰 영향력을 가지고 있는지는 아직 확실하지 않아요.
과학자들은 이를 밝혀 내기 위해 계속 연구하고 있어요.

복제란 무엇인가요?

복제란 '클로닝'이라고도 불리며, 생물이 유전적으로 동일한 개체를 만드는 과정을 의미해요. 자연에서 흔히 일어나는 현상이지만, 생명 과학자는 인공적으로 생물을 복제하기도 해요.

많은 생물이 자기 자신을 복제해서 번식해요.

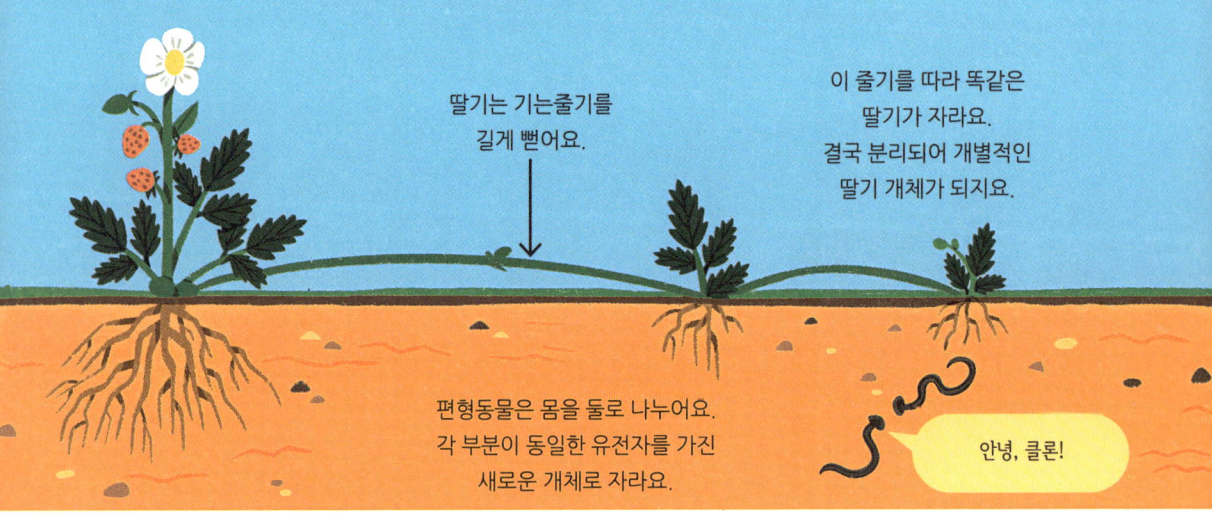

딸기는 기는줄기를 길게 뻗어요.

이 줄기를 따라 똑같은 딸기가 자라요. 결국 분리되어 개별적인 딸기 개체가 되지요.

편형동물은 몸을 둘로 나누어요. 각 부분이 동일한 유전자를 가진 새로운 개체로 자라요.

안녕, 클론!

1996년에는 최초로 복제된 포유동물이 태어났어요. '돌리'라고 불리는 양이었지요.

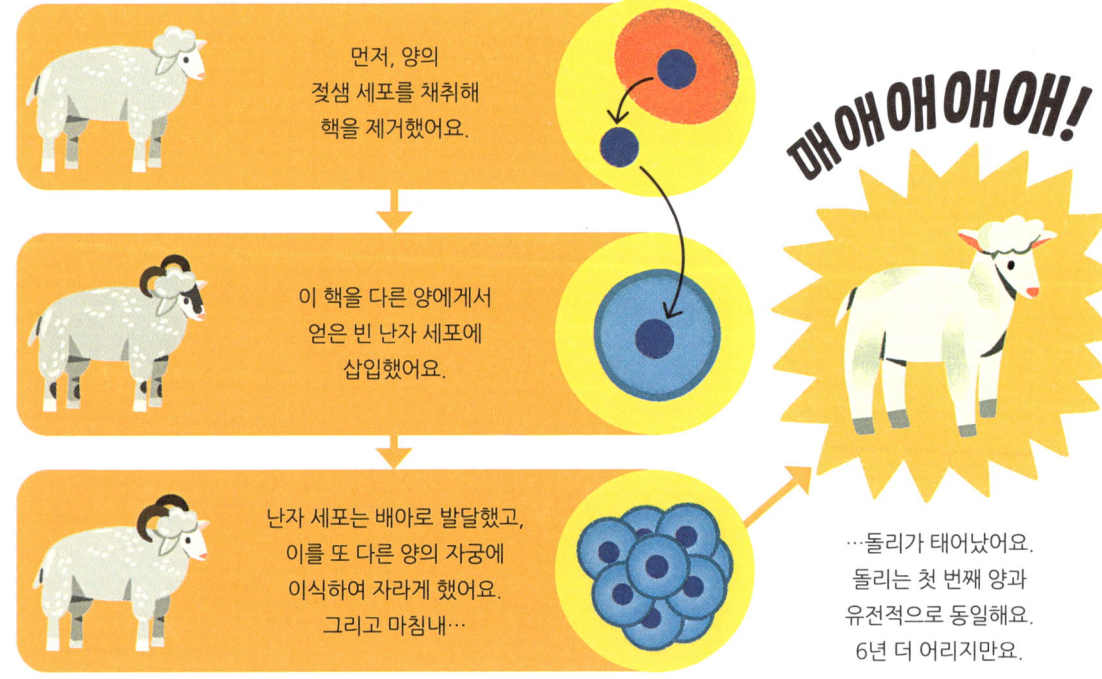

먼저, 양의 젖샘 세포를 채취해 핵을 제거했어요.

이 핵을 다른 양에게서 얻은 빈 난자 세포에 삽입했어요.

난자 세포는 배아로 발달했고, 이를 또 다른 양의 자궁에 이식하여 자라게 했어요. 그리고 마침내…

매애애애애애!

…돌리가 태어났어요. 돌리는 첫 번째 양과 유전적으로 동일해요. 6년 더 어리지만요.

복제는 매우 복잡한 과정이며 항상 성공하는 건 아니에요.
하지만 다양한 곳에 활용될 수 있는 잠재력을 가지고 있지요.

식량 생산성을 높이기 위해 질병에 강한 특성을 가진 작물을 복제해요.

검은발족제비와 같이 멸종 위기에 놓인 동물들을 보호하기 위해 복제 기술이 활용돼요.

생명 과학자들은 손상된 장기를 회복시키기 위해 피부 세포나 심장 세포를 복제하는 방법을 연구하고 있어요.

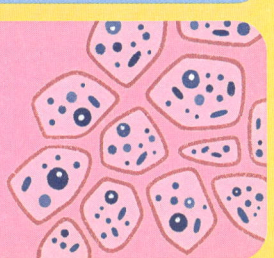

지금의 당신을 똑같이 복제할 수 있나요?

아니, 그건 아직 공상 과학에 가까워. 기술적으로는 가능하겠지만 이는 큰 논란을 불러일으킬 거야. 실제로 거의 모든 나라에서 인간 복제를 법으로 금하고 있어.

복제 동물은 대부분 건강에 문제가 있어서 수명이 짧아. 인간의 경우 장기적으로 어떤 영향이 나타날지 아직 알 수 없어.

또 다른 논쟁거리도 생겨나지. 복제 인간은 복제된 인간의 자손일까, 일란성 쌍둥이일까, 아니면 단순한 복제품일까?

복제 인간도 다른 사람들과 같은 권리를 가져야 할까?

인간 없는 세상

인류 전체가 하룻밤에 멸종하는 것은 거의 불가능해요. 하지만 만약 그런 일이 일어난다면 지구와 그 안에 사는 생명체는 어떤 영향을 받게 될까요? 과학자들은 다음과 같은 일이 일어날지도 모른다고 생각해요.

인간이 사라지고 1년 뒤

인간이 가동하던 발전소가 멈추고, 전기가 끊겨요.

식물들이 도로와 빌딩을 덮으며 자라기 시작해요. 사슴과 여우 같은 동물들이 도시로 들어와요.

처리되지 않은 폐수와 오염 물질이 자연으로 흘러 들어가요.

인간이 사라지고 100년 뒤

공장과 자동차가 멈췄기 때문에 공기와 물이 점차 맑아져요.

댐과 같은 금속 구조물들이 방치되어 무너져 내려요.

강이 범람하면서 새로운 습지가 생겨나요.

멸종 위기종의 서식지가 회복되면서 개체 수가 늘어나요.

인간이 사라지고 1,000년 뒤

숲이 넓어져 땅 대부분을 차지하고 대기에서 이산화 탄소 수치가 내려가요.

대부분의 건물은 사라져요. 돌로 만든 구조물과 플라스틱 쓰레기만이 남아 있어요.

생물 다양성이 급증해요. 변화에 적응하는 종도 있고 사라지는 종도 있어요.

산호초와 같은 해양 서식지가 오염과 높은 수온에서 점차 회복되어요.

인간이 사라지고 100만 년 뒤

기후가 더워지고 추워지는 자연적인 주기를 반복해요. 결국 지구에 또 한 번의 빙하기가 찾아와요. 하지만 언젠가 끝이 나요.

지구가 변하며 새로운 종들이 진화해요. 아마도 인간의 빈자리를 채울 새로운 지능형 생명체도 나타날 거예요.

오, 안 돼. 또 시작이야…

인간이 존재했었다는 유일한 흔적은 땅속에 묻혀 있어요.

동물의 놀라운 감각

동물들은 인간에게 없는 다양하고 놀라운 감각을 가지고 있어요.
다음 네 가지 예를 살펴보세요.

물의 흐름 감지

바다표범은 물고기 떼가 지나간 흔적을 최대 100m 거리에서도 감지할 수 있어요.
물의 흐름이 미세하게 달라진 것을 예민한 수염으로 알아차릴 수 있지요.

열 감지

흡혈박쥐는 포유류나 새의 피를 마시며 살아요.
코 주변에 있는 신경 말단이 혈액에서 나오는 적외선 형태의 열을 감지할 수 있지요.
그래서 박쥐는 피가 흐르는 정맥을 찾아 정확한 곳을 물 수 있어요.

자기장 감지

지구는 마치 자석처럼 자기장을 가지고 있어서 나침반이 항상 북쪽을 가리켜요.
새와 뱀, 거북 같은 어떤 동물들은 이 자기장을 감지할 수 있어요.
그래서 아주 먼 거리를 이동할 때도 길을 찾을 수 있답니다.

생명 과학자들은 유럽울새 같은 철새들의 눈에서 자기적 성질을 띤 화학 물질을 발견했어요.

이 화학 물질은 마치 생체 나침반처럼 작용해서 유럽울새가 길을 잃지 않고 방향을 찾을 수 있도록 해요.

전자기장 감지

벌은 아주 미세한 것도 감지할 수 있어요. 바로 전자기장이에요.
자연 속의 사물들은 보통 양(+) 또는 음(-)의 전하를 띠고 있어요.
그리고 반대 전하끼리는 끌어당겨요.
이 점을 이용해 벌은 꿀이 있는 꽃을 찾을 수 있어요.

그럼 벌과 꽃이 서로 끌어당긴다는 말이에요?

맞아. 꽃은 일반적으로 음의 전하를 띠고 있어. 벌은 날갯짓하는 동안 공기와 마찰하며 양의 전하를 띠게 돼. 그래서 꽃을 쉽게 찾을 수 있는 거야.

같은 원리로, 벌은 전자기장을 통해 다른 벌이 방금 어떤 꽃의 꿀을 먹었는지 알 수 있어. 그래서 다른 꽃으로 피해 갈 수 있지.

자연을 본 딴 기술

인류가 발명한 놀라운 기술 중 일부는 생물에게서 아이디어를 얻었어요.
이를 **생체 모방**이라고 해요.

드론이 제자리비행을 하고 방향을 바꾸는 방식은 벌새를 모방한 것이에요.

물고기는 대부분 시야가 거의 360도로 무척 넓어요. 이러한 특징을 모방해 넓은 각도를 비출 수 있는 어안 렌즈가 개발되었어요.

풍력발전기의 날개는 혹등고래의 지느러미처럼 돌기가 줄지어 나 있어요.
덕분에 공기가 더 효율적으로 흐르지요.

같은 굵기와 무게의 강철과 비교하면
거미줄은 매우 튼튼하면서도 가벼워요.
이러한 특징을 바탕으로
밧줄이나 방탄조끼를 만드는
초강력 직물이 개발되었어요.

도마뱀붙이는 발에 미세한 털이 나 있어서
벽에 잘 달라붙어요. 과학자들은 이를 모방해
접착제 없이 붙일 수 있는 기술을 개발해요.
이 기술은 봉대나 벽을 타는 로봇에
활용될 수 있어요.

과학자들은 현미경으로 보아야 할 정도로
아주 작은 나노로봇을 개발하고 있어요.
이 로봇들은 세균처럼 우리 혈관을
타고 다닐 수 있도록 설계되었어요.

나노로봇이 우리 몸속으로 들어가면
건강 상태를 점검하고 컴퓨터로
정보를 전송해요. 특정 부위에 약물을
직접 투여할 수도 있지요.

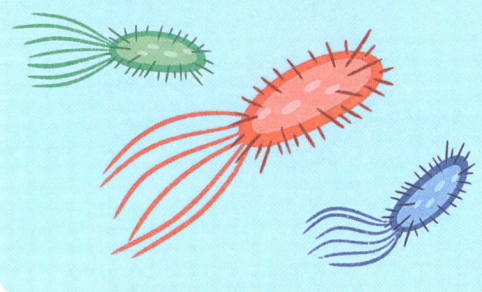

천산갑 모양 배낭도 있어!
비늘이 겹겹이 쌓여 있는 모양이라
튼튼하면서도 유연하지.

생체 모방 기술은
끝이 없네요!

우리 주변의 생명 과학

생명 과학은 실험실 안에만 있지 않아요. 어느 곳에나 있답니다.
우리 주변에서 생명 과학을 즐길 수 있는 몇 가지 방법을 소개할게요.

나무 관찰하기

일 년 동안 쉽게 관찰할 수 있는
나무나 식물을 골라요.
공원이나 정원, 집 근처 길가에서 찾아 보세요.
시간이 지나며 어떻게 변하는지 관찰해요.
사진을 찍거나, 그림을 그리거나,
일기를 써도 좋아요.

동물 찾기

정원에 있거나 산책할 때나 항상 주변의 자연을 주의 깊게 살펴보아요.
돌 아래를 들춰서 곤충과 같은 무척추동물을 찾아 보세요. 위를 올려다보면 새도 보일 거예요.
잠깐 서서 무얼 하고 있는지 지켜봐요.

이것 봐요,
빛을 피해서 움직이고 있어요.

왜 저렇게 줄지어
앉아 있을까요?

질문하기

도서관에 가거나, 책을 읽거나, 인터넷을 검색하면서
관찰했던 식물과 동물에 관해 더 알아봐요.

생명은 어디에나 있어요

지금도 새로운 종이 *세계 곳곳에서 계속* 발견되고 있어요.
가장 작은 세포부터 거대한 생태계에 이르기까지,
아무리 외딴곳에 있거나 멀리 떨어져 있어도,
모든 생명체는 끊임없이 변화하는 생명의 흐름 속에서 영향을 주고받아요.
우리와 주변의 생명을 소중히 하면, 모든 생명을 이롭게 할 거예요.

우린 모두 연결되어 있어요!

생명 과학과 관련된 직업

생명 과학은 매우 다양한 직업에서 활용되어요.
어떤 직업은 실험실 안에서 연구하지만,
어떤 직업은 열대 우림이나 바다, 심지어 다른 행성을
탐험하기도 해요. 다음 몇 가지를 살펴보아요.

동물학자 야생이나 동물원에서 동물을 연구하며, 멸종 위기 동물을 구하는 프로젝트를 진행해요.

물리 치료사 환자가 부상, 수술, 질병을 겪은 이후, 신체 기능을 회복하도록 도와요.

미생물학자 바이러스나 다른 병원체로 발생하는 질병을 연구하고 치료법을 찾아요.

범죄 과학 수사관 범죄 현장에서 과학적 증거를 찾아 수사에 도움을 줘요.

병리학자 생체 조직과 사체를 검사하여 질병을 진단하거나 사망 원인을 찾아요.

산림 관리원 동물, 식물, 서식지에 관한 교육을 진행하고, 야생 동물을 관리하고 보호해요.

생물 고고학자 과거 인류의 뼈나 DNA 등 생물학적 흔적을 조사해요.

생물 정보학 과학자 컴퓨터 기술을 활용해 진화 과정과 유전자 서열 같은 생물학적 데이터를 연구해요.

생화학자 유전자와 세포, 생명체의 화학 반응과 과정을 연구해요.

식물학자 식물과 관련된 모든 것을 연구해요.

전염병학자 질병이 발생한 위치와 원인을 연구하며 확산을 막아요.

우주 생물학자 지구 너머 우주에 생명체가 존재할 가능성을 연구해요.

유전 공학자 유전자를 조작하고 한 종에서 다른 종으로 이동시켜 새로운 생물을 개발하거나 개량해요.

토양학자 토양의 질을 연구하여 개선 방법을 찾고, 농업이나 환경 보존에 도움을 주어요.

해양 생물학자 해양 생물과 산호초 같은 서식지를 연구해요.

환경 보호 활동가 생물과 서식지를 보호해요. 생물 다양성을 보존하는 프로젝트도 진행해요.

낱말 풀이

다음은 이 책에 나온 주요한 단어들의 뜻을 설명한 거예요.
*기울임꼴*로 쓰인 단어는 이 낱말 풀이 안에 설명되어 있는 단어라는 것을 의미해요.

광합성 식물이 햇빛을 이용해 영양분을 만드는 과정.

극한 미생물 극한 환경에서도 살아남아 번성할 수 있는 *생물* 종.

기생물 다른 생물의 몸 안이나 표면에 붙어살면서 영양분을 섭취하는 *생물*.

단백질 생물이 성장하고, 회복하고, 근육이나 뼈 같은 신체 구조를 만드는 데 필요한 필수 화학 물질.

대멸종 지구상의 생물 종이 수십만 년 내에 75% 이상 사라지는 현상. *진화*가 이루어지는 과정보다 더 짧은 시기에 발생해요.

멸종 어떤 생물 종이 지구상에서 완전히 사라지는 것.

미생물 *세균*처럼 현미경으로만 관찰할 수 있는 아주 작은 생물.

바이러스 현미경으로 볼 수 있는 아주 작은 물질. 스스로 살아 있지 않지만, 생물의 *세포* 안에서 감염을 일으키고 증식해요.

배아 다세포 생물이 발생하는 초기 단계로, 여러 개의 *세포*로 이루어진 작은 덩어리.

병원체 *바이러스*와 같이 질병을 유발하는 생물 또는 감염성 물질.

복제 생물이 자신과 똑같은 개체를 만드는 능력.

분류학 생물을 구분하고 분류하는 학문.

분해 죽은 생물이 분해되어 다른 생물의 영양분이 되는 과정.

생물 생명을 가지고 스스로 살아가는 물체.

생물 다양성 전 세계 또는 특정 지역에 살고 있는 다양한 종.

생태학 생물과 *서식지*의 상호 작용을 연구하는 학문.

서식지 어떤 생물 종이 자연적으로 살고 있는 환경.

세균 하나의 *세포*로 이루어진 *미생물*로, 보통 다른 생물 안에서 살아요.

세포 모든 생물을 구성하는 기본 단위. 어떤 생물은 세포 하나로 이루어져 있어요.

세포 소기관 *세포* 안에서 특정한 기능을 수행하는 구조.

아미노산 *단백질*을 구성하는 기본 화학 물질.

유전자 *DNA*의 한 부분으로, 각 *세포*에 특정한 역할을 하도록 지시해요. 예를 들어 어떤 유전자는 키의 성장을 조절해요.

이산화 탄소 공기 중에 존재하는 기체로, 식물이 *광합성*을 할 때 이산화 탄소를 이용해 포도당을 만들어요.

종 서로 닮았고 번식이 가능한 생물 집단.

줄기세포 특정 역할을 하는 다양한 *세포*로 분화되기 전의 *세포*.

진화 생물이 오랜 세대를 거치며 점점 변하는 과정으로, 보통 환경에 적응하기 위해서 일어나요.

화석 아주 오래전 죽은 생물의 흔적이 돌로 보존된 것.

환경 생물을 둘러싼 모든 것을 의미해요. 다른 생물뿐 아니라 비생물적 요소도 포함되어요.

형질 어떤 생물이 다른 생물과 구별되는 특징으로, 자손에게 유전될 수 있어요.

DNA 대부분의 *세포* 안에서 발견되는 복잡한 화학 물질로, 생물이 성장하고 생존하는 데 필요한 유전 정보를 담고 있어요.

찾아보기

ㄱ

가뭄 43, 82
갈라파고스 제도 50-51
개체 수 77-78, 116
계 12-14
고세균 13, 33, 35, 108
공룡 25, 52
공중 보건 캠페인 99
공진화 56-57
공통 조상 17, 22-23, 52
과학 수사 44-45
광합성 8, 81, 90
균근망 90
균류 9, 13, 24, 32, 83, 88, 90-92, 96
기생물 91, 96
기후 변화 24-25, 54-55, 72-75, 100, 117

ㄴ

나무 12, 57, 80-83, 89, 90, 122
남세균 20-21, 24
냉동 동물원 84
노화 110-111
녹색 사막 83
뇌 36, 60, 62, 64-65, 67, 105
뇌세포 36, 64, 96, 105

ㄷ

단백질 29, 92, 96-97

ㄷ(동)

동물 6, 12, 14, 24-25, 100, 118-119
동물 추적 73-82

ㄹ

로버트 훅 30-31
로봇 108, 121
루카 22-24

ㅁ

면역 63, 97, 98, 101
멸종 24-25, 55, 72, 84-85, 115
  멸종 위기종 77, 82, 84-85, 115, 116
미생물 13, 19, 20, 24, 28, 31, 32-33, 42, 66-67, 88-93, 96, 121
  극한 미생물 33, 108-109

ㅂ

바이러스 32, 43, 96-103
  코로나19 바이러스 97, 98, 102
바이오 연료 93
발효 92-93
방사선 21, 89, 104, 109, 118
배아 38, 41, 73, 84, 114
백신 93, 98-99, 102, 105
백혈구 36, 63, 66, 97
병원체 96-97, 98, 100, 102
보존 73-81, 84-85

ㅂ(복)

복제 9, 37, 114-115
북극 79, 85
분류학 12-17
분해자 88-89, 91
불멸 110-111
빙하기 23, 117
뼈 32, 52, 60, 62

ㅅ

사탕수수두꺼비 76-77
산불 72, 82
산호 74-75, 117
삼림 파괴 82-83
상리공생 57, 74, 80, 90
생리학 62-63
생명의 기원 18-24, 53
생물 8-9, 12-15, 20, 24-25
  생물 다양성 43, 82, 85, 117
  생물 보호 72-75, 77, 78-79, 84-85
  생물의 조건 8-9, 62-63, 96
생식 9, 23, 38, 48, 63, 73, 84, 97, 114
생체 모방 기술 120-121
생태학 7, 72-85
서식지 55, 72-83, 116, 117
세균 13, 20-21, 28, 31, 32, 35, 42-43, 66-67, 88, 92-93, 96-97, 101, 121
세포 5, 7, 8, 22, 24, 28-45, 62, 68, 84, 96, 105, 111, 114
  동물 세포 28-29, 36, 38, 40, 84, 114

생식 세포 38, 63, 84
세포 소기관 29, 34
식물 세포 29, 30-31, 34
소행성(유성) 19, 23, 25, 108
소화계 32, 63, 66-67
수명 110-111
시뮬레이션 19, 61
식물 6, 8-9, 12, 24, 30, 34, 43, 80, 83, 85, 88, 90, 114, 116, 122
신경 가소성 65

ㅇ

아미노산 18-19, 29, 108
안드레아스 베살리우스 60
안톤 판 레이우엔훅 31
암 104-105
약 7, 41, 93, 98-99, 101, 105, 121
열대 우림 80-82
열수 분출공 19, 33, 109
영양소(영양분) 8, 63, 66, 74, 80, 83, 88, 90-91
오염 91, 104, 116
완보동물 109
우주 7, 19, 85, 108-109
우주 생물학 7, 108-109
원시 수프 18
유전 공학 42-43, 109, 111, 114
유전자 29, 39, 42-43, 68-69, 77, 104-105, 109, 110, 112-113
의태 57
이동 4, 54, 79, 119
이산화 탄소 72, 78, 81, 117
이탄 78

인간 유전체 프로젝트 69
인슐린 42, 93
인체 6, 28-29, 32, 36, 60-69, 97, 101, 104-105, 111

ㅈ

자기장 60, 119
자연 선택 48-49, 51-55
작물 43, 83, 85, 93, 115
적응 48-57, 117
적혈구 28, 31, 32, 35, 36, 44
정신 건강 67, 113
제1차 세계 대전 103
제2차 세계 대전 113
조류(식물) 6, 13, 24, 74-75
좀비 세포 111
종 15-17, 24-25, 48-49, 50, 54, 55, 56, 57, 68, 74, 80, 81
종자 은행 85
줄기세포 39-41
지구 온난화 55, 72-75, 78-79, 81
진핵생물 24, 35
진화 6, 23-25, 47-57, 77, 98, 117
질병 7, 35, 41, 60, 95-105
질병 저항성 43, 115

ㅊ

찰스 다윈 50-53
체르노빌 89
체세포 분열 37

ㅋ

칼 린네 16

ㅌ

토양 78, 83, 88-89
트라우마 113

ㅍ

팜유 83
팬데믹 102-103
표적 유전자 흐름 77

ㅎ

항생제 13, 43, 93, 101
항체 97, 98
해부학 60-63, 64
현미경 5, 30-31
혈액 31, 45, 62-63, 96, 105, 118, 121
형질 29, 42-43, 48-52, 54, 68-69, 112, 115
화석 21, 24, 52
화성 108
환경 33, 43, 52-54, 76, 83, 112-113, 116-117
효모 13, 28, 91
효소 88
후성 유전학 113

DNA 22, 29, 35, 38, 42, 44-45, 48, 68-69, 78, 108
MRI 60-61